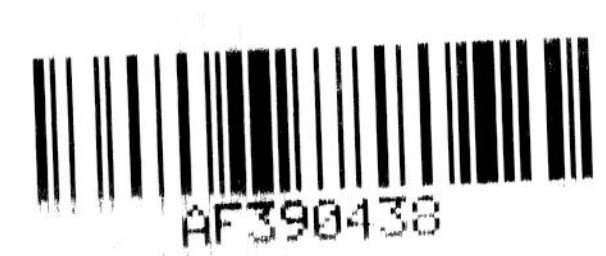

AF390438

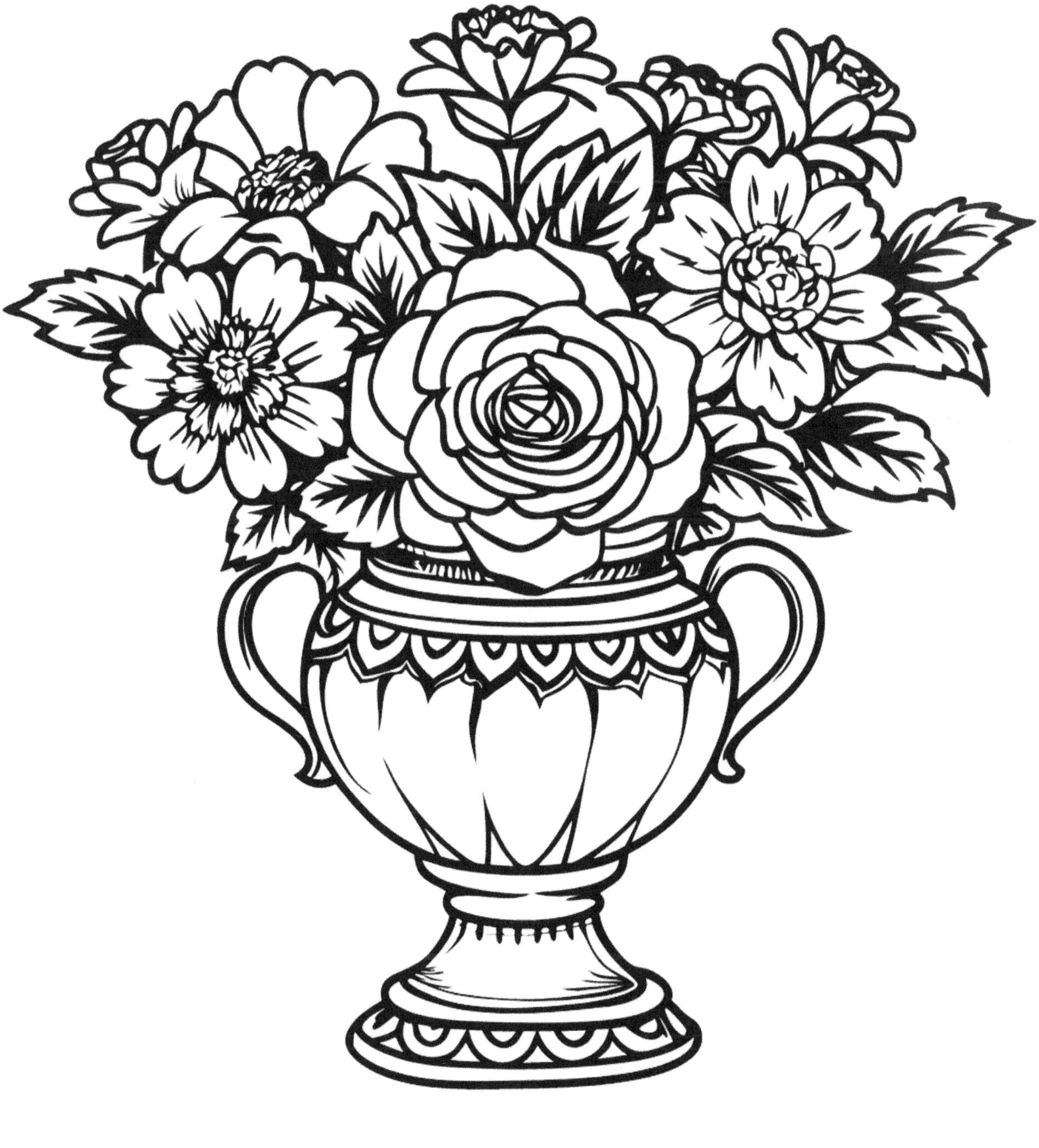

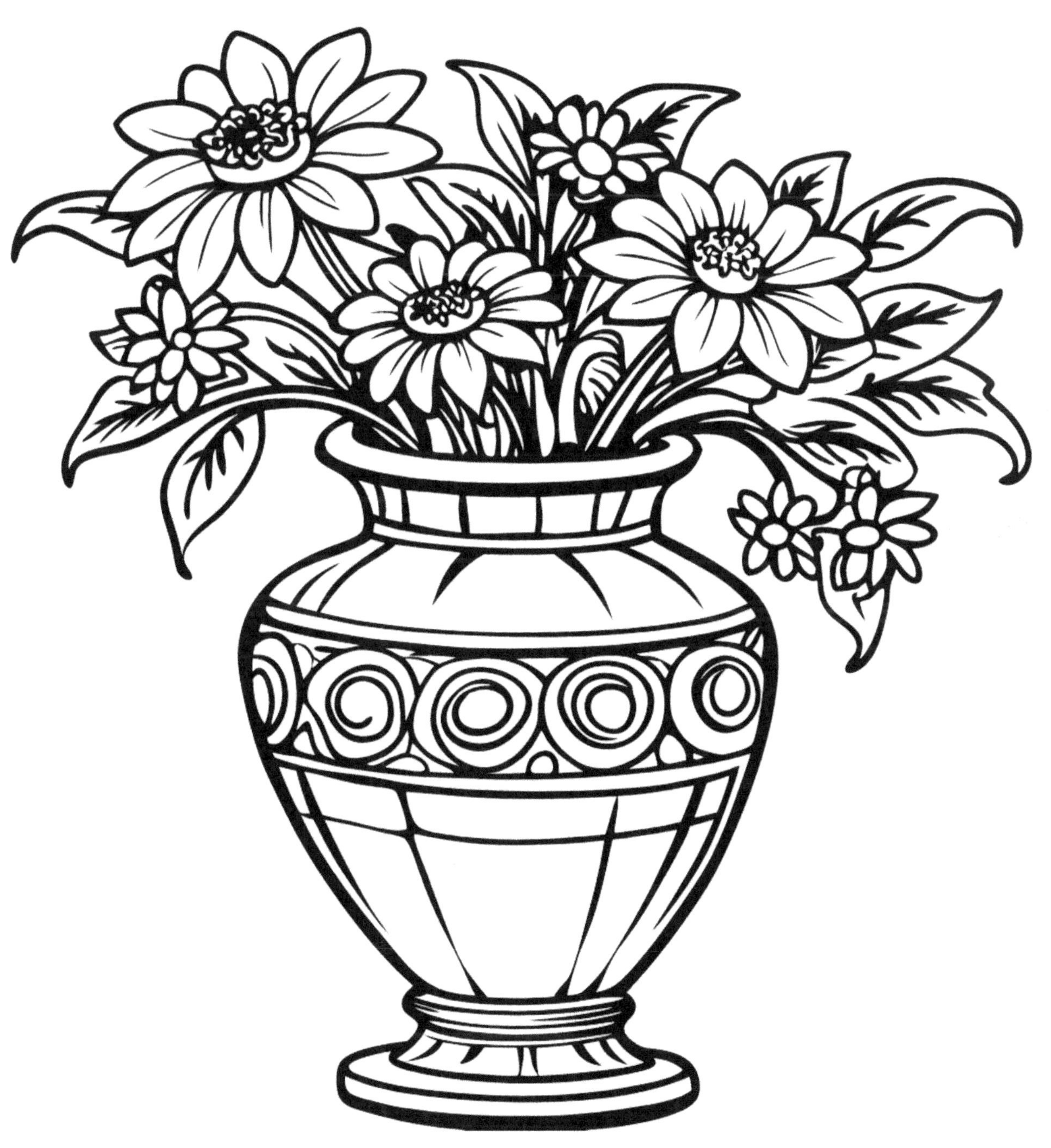

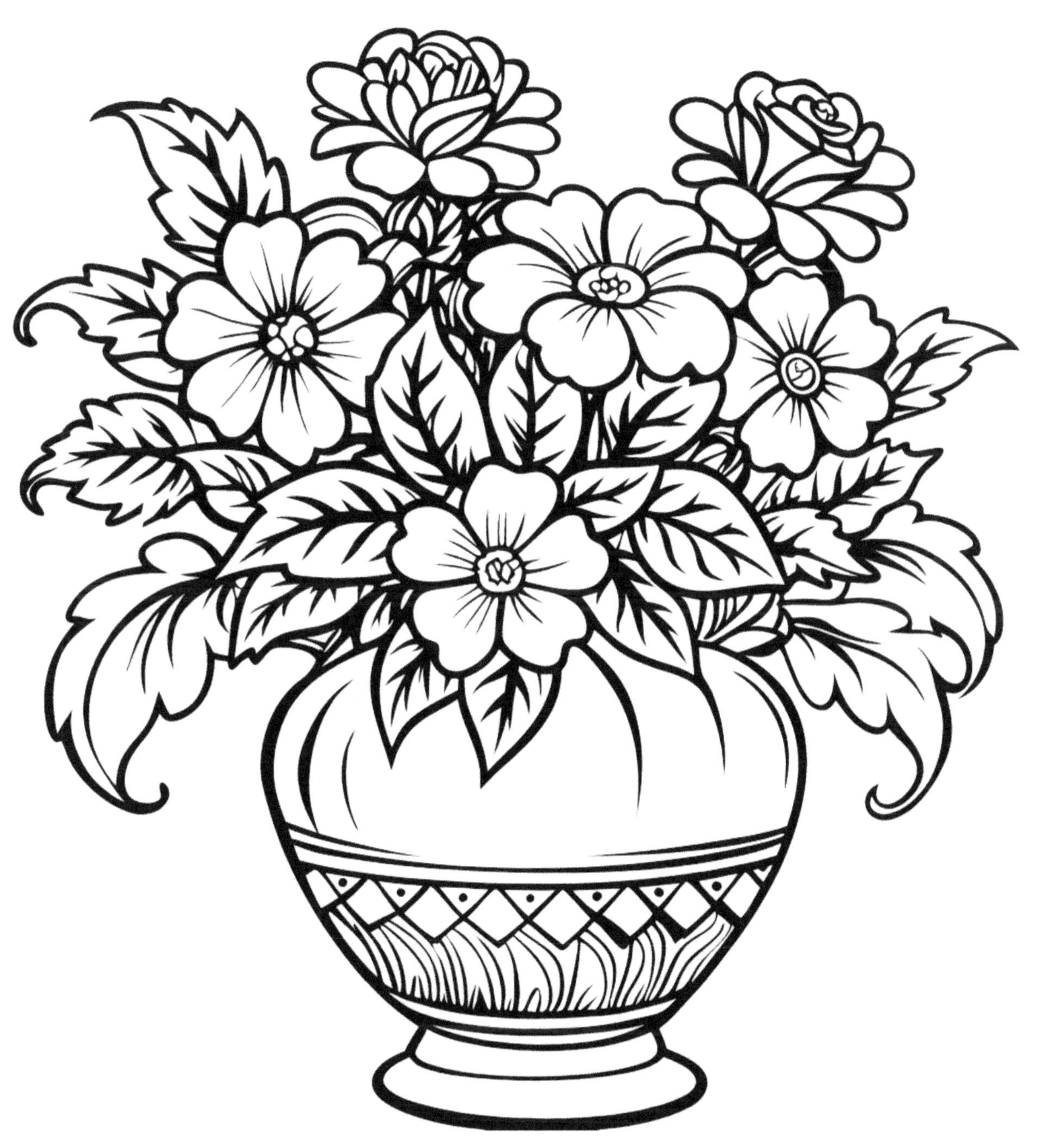

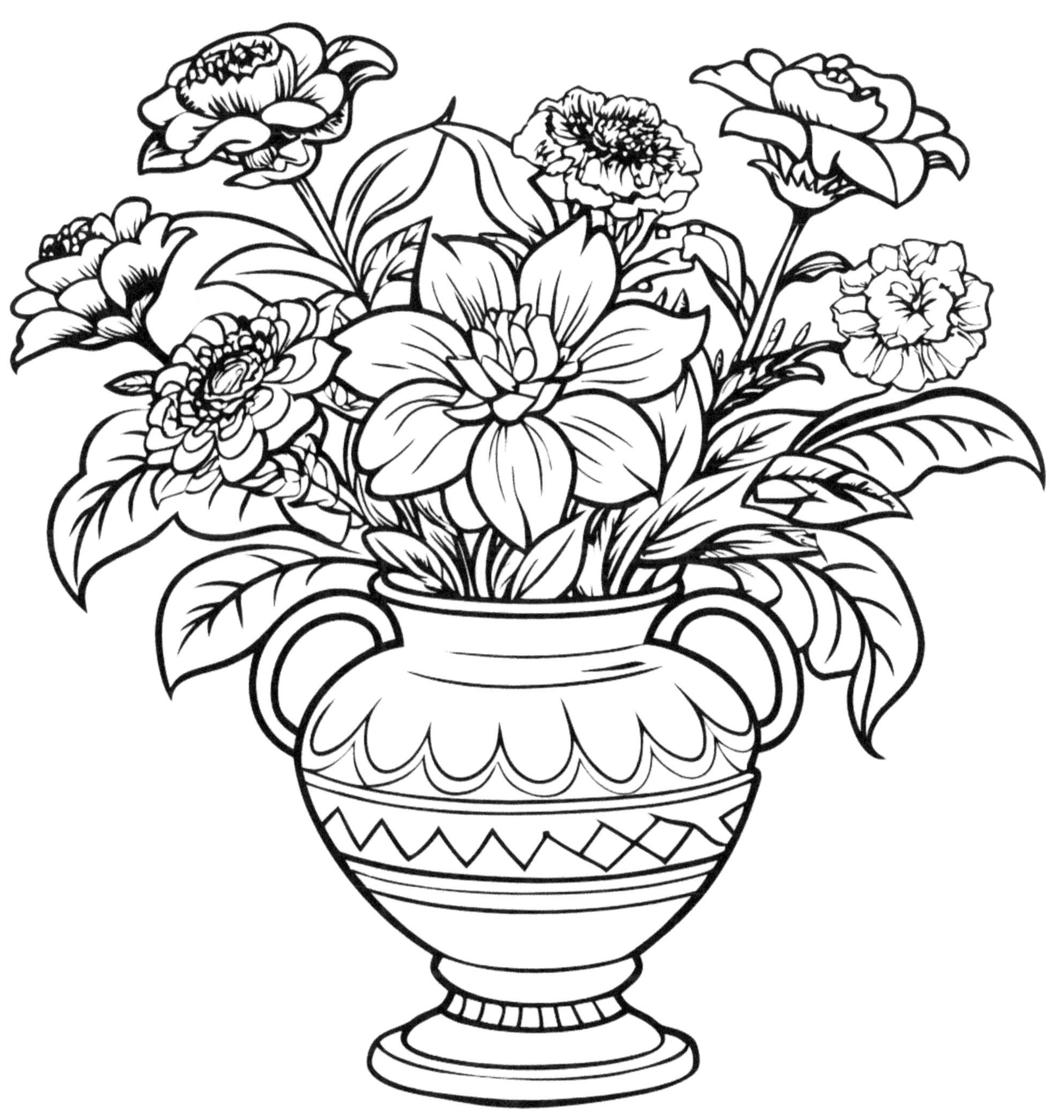

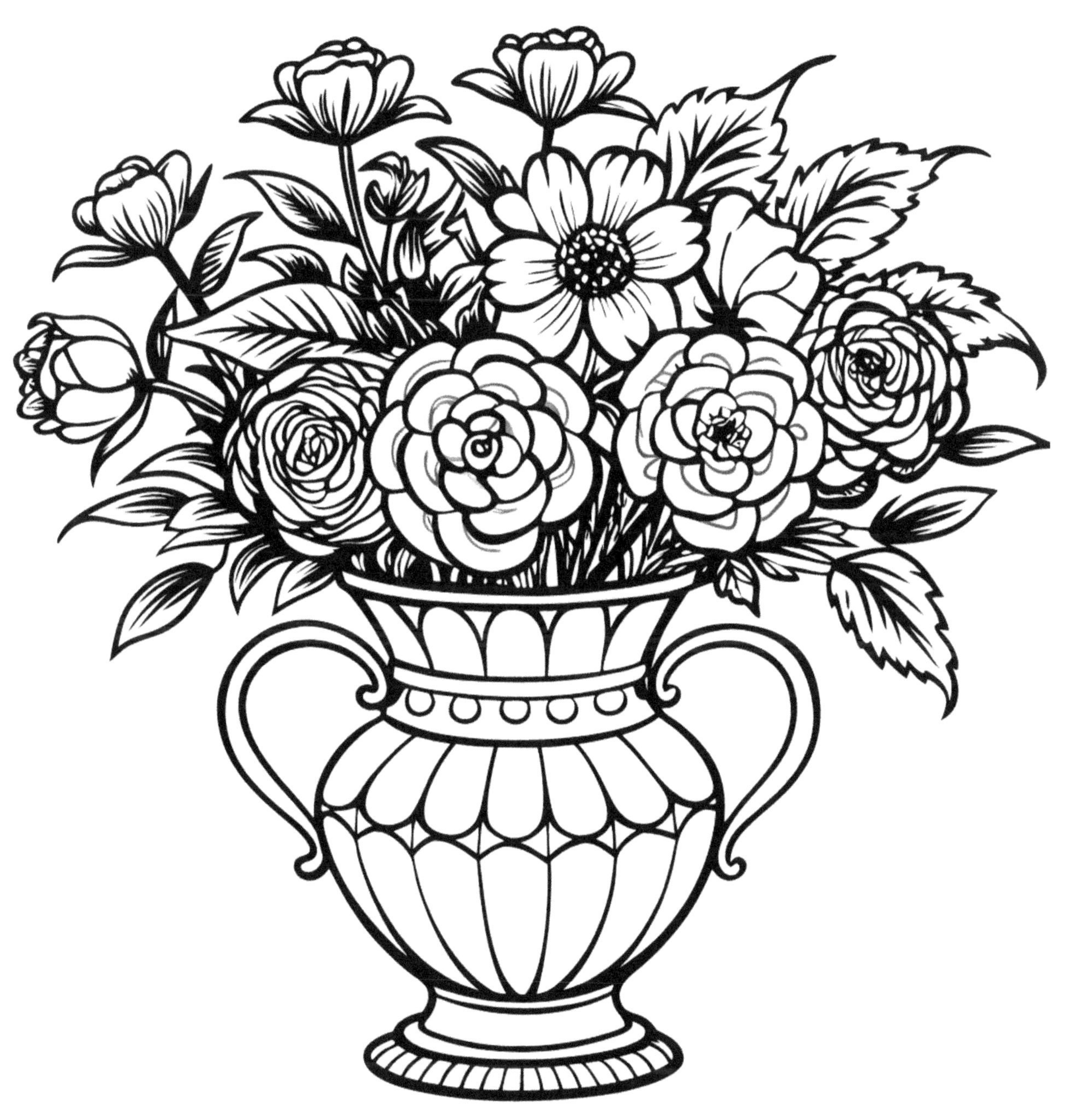

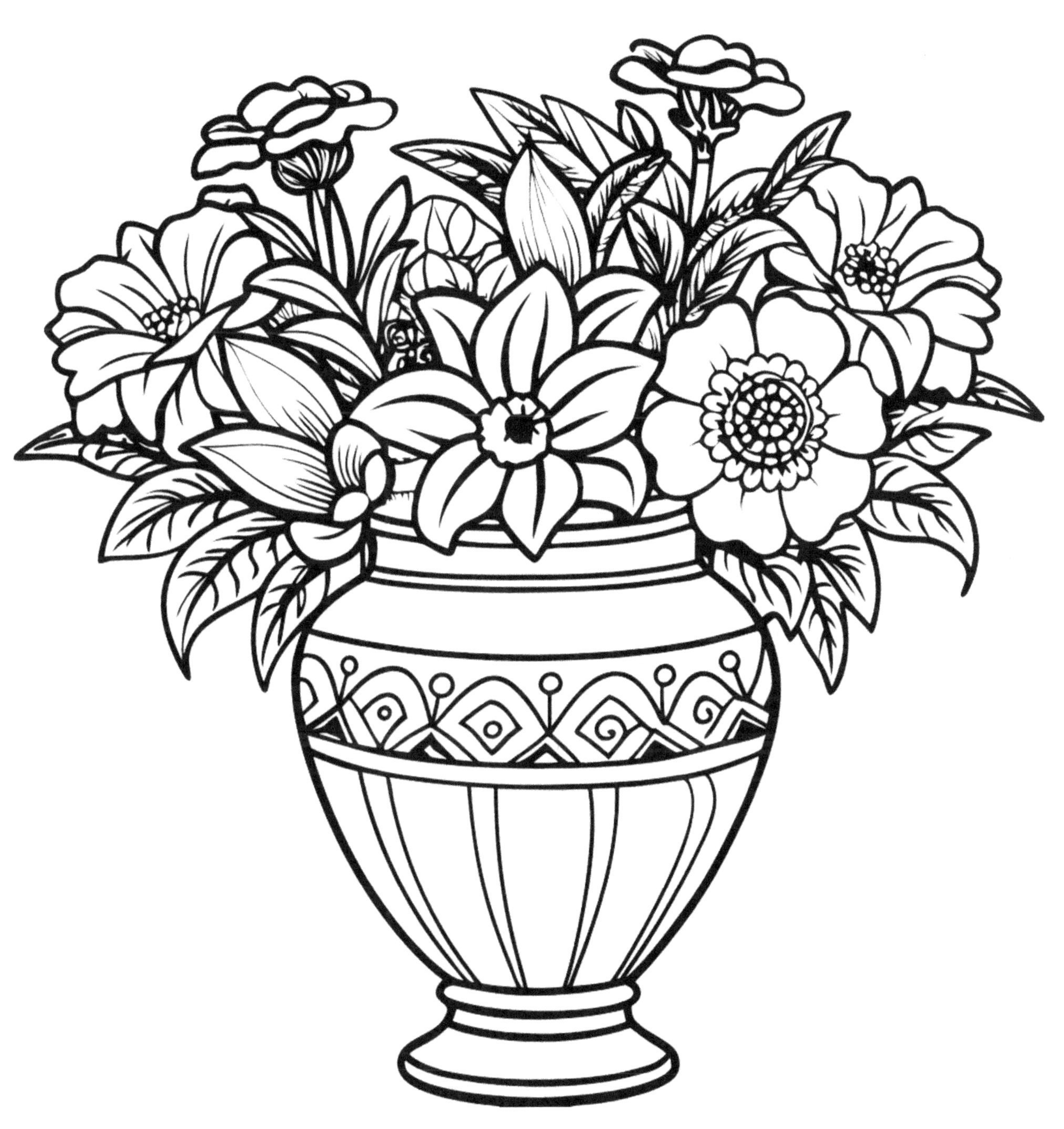

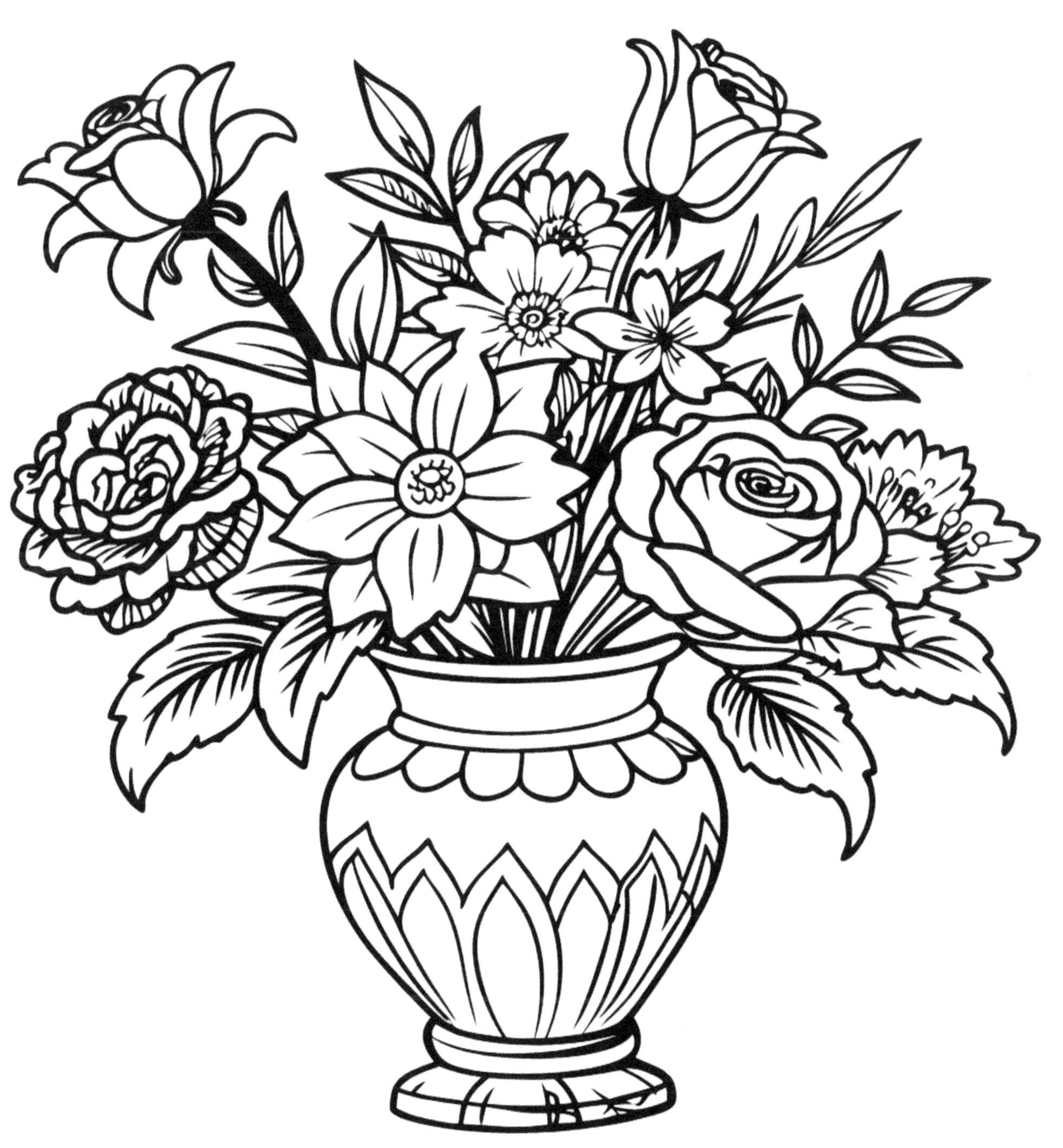

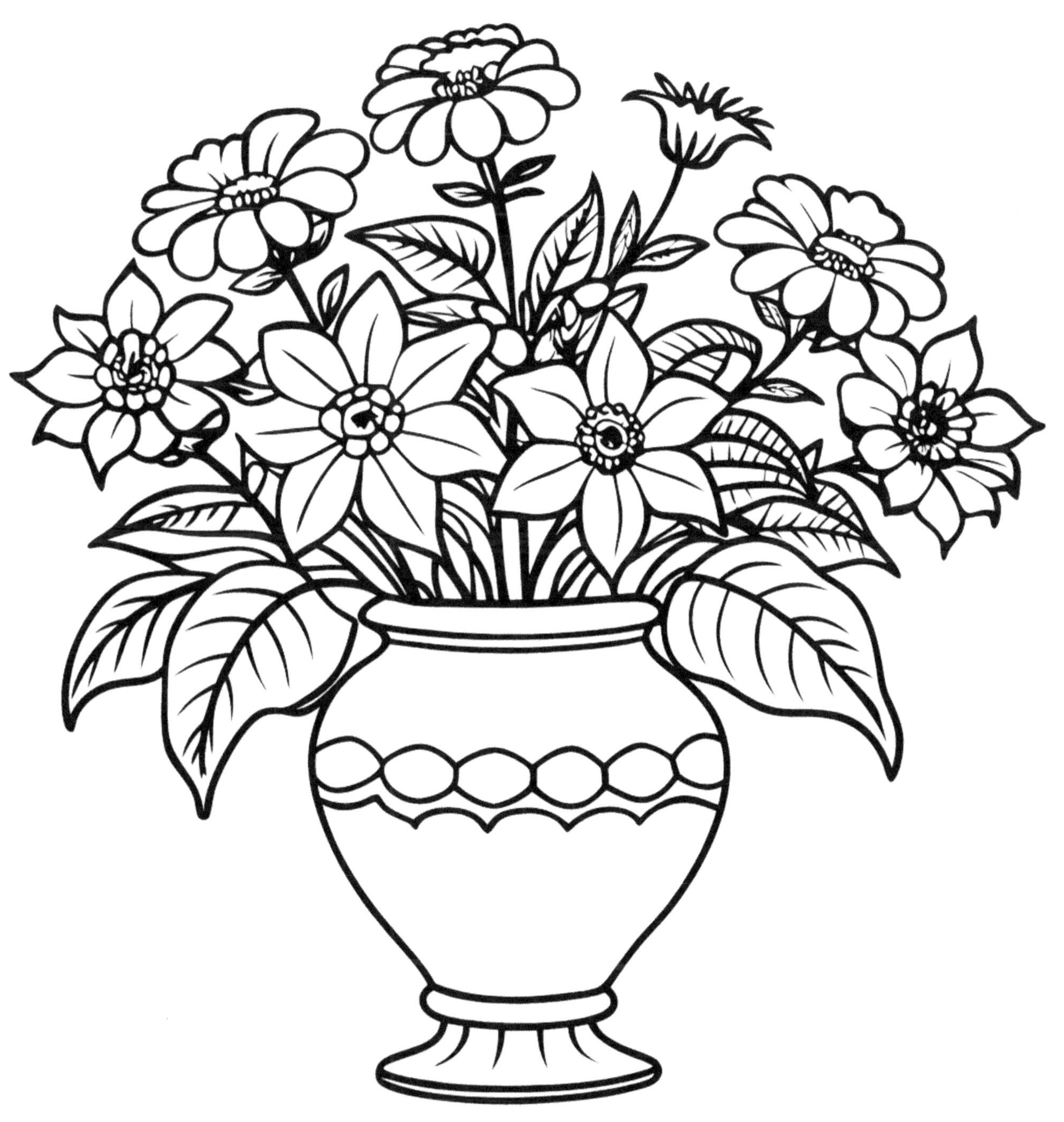

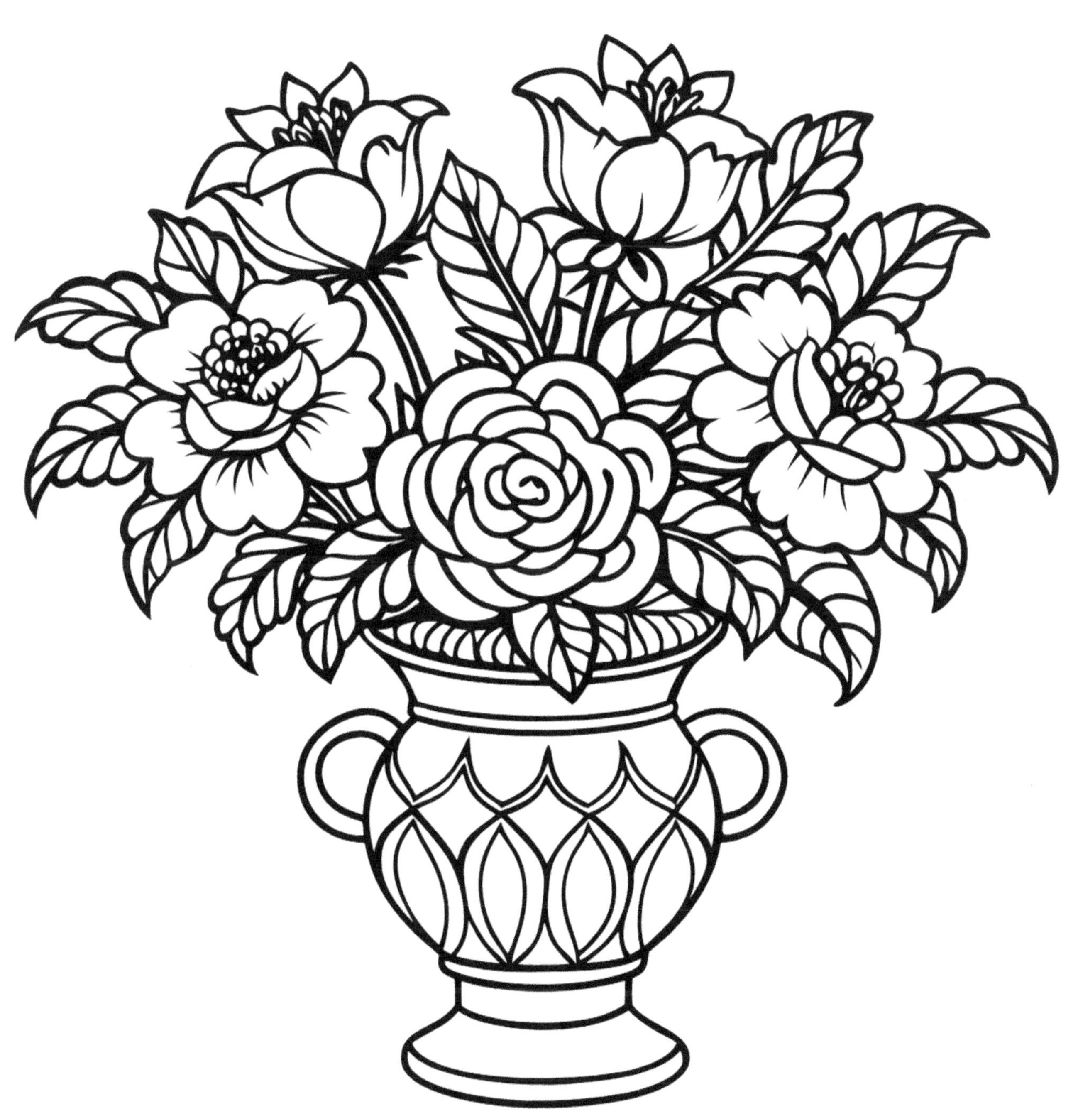

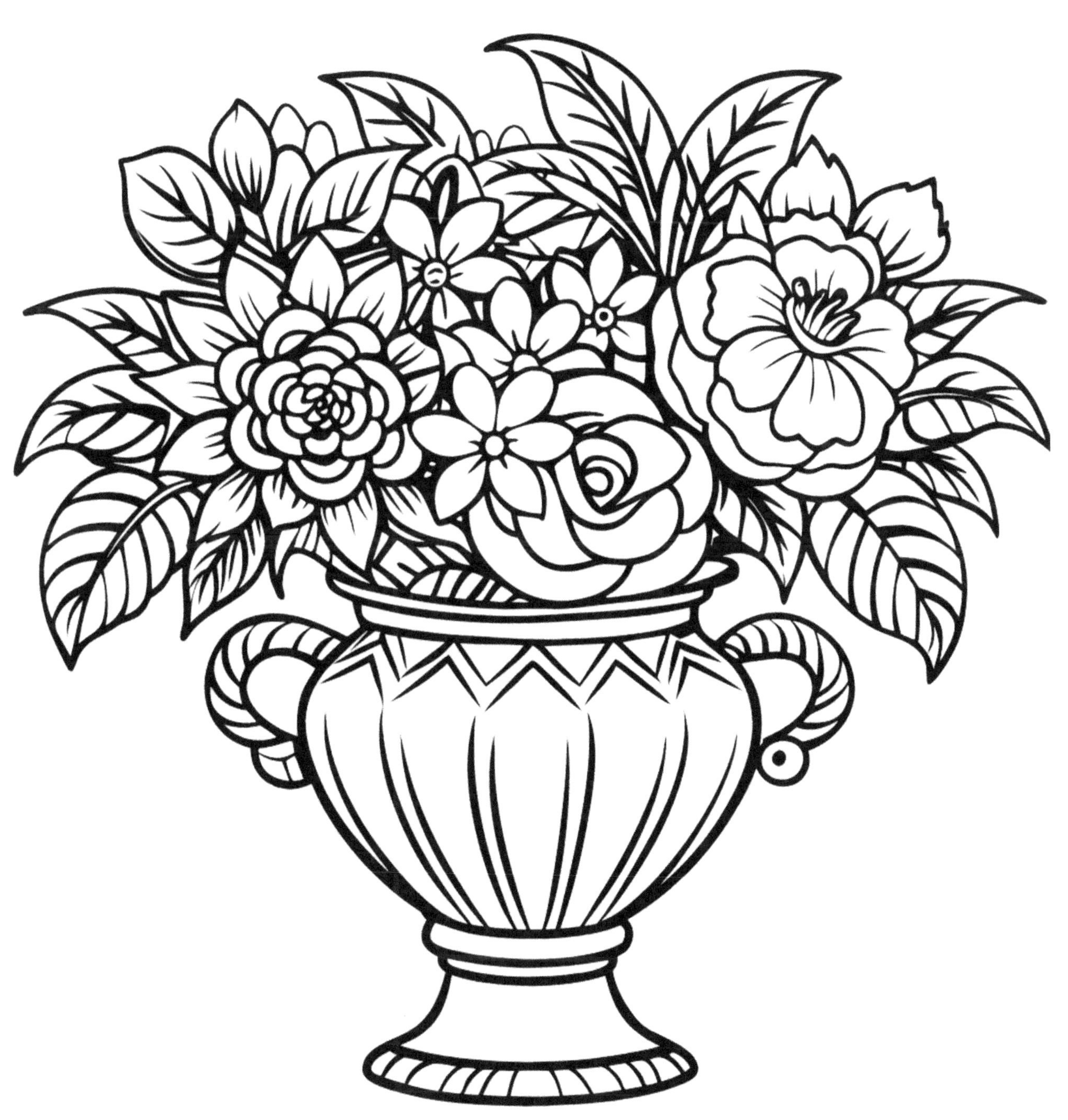

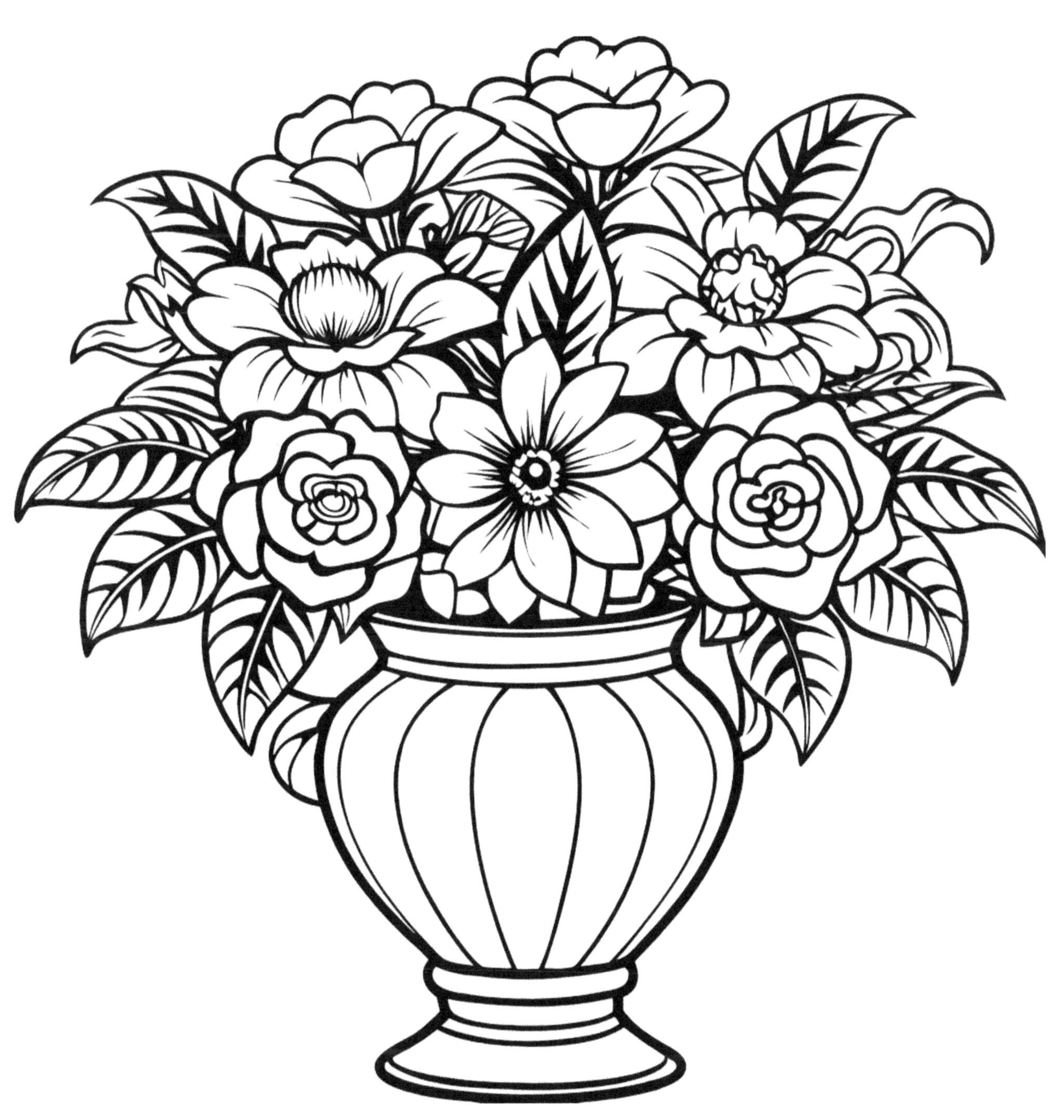

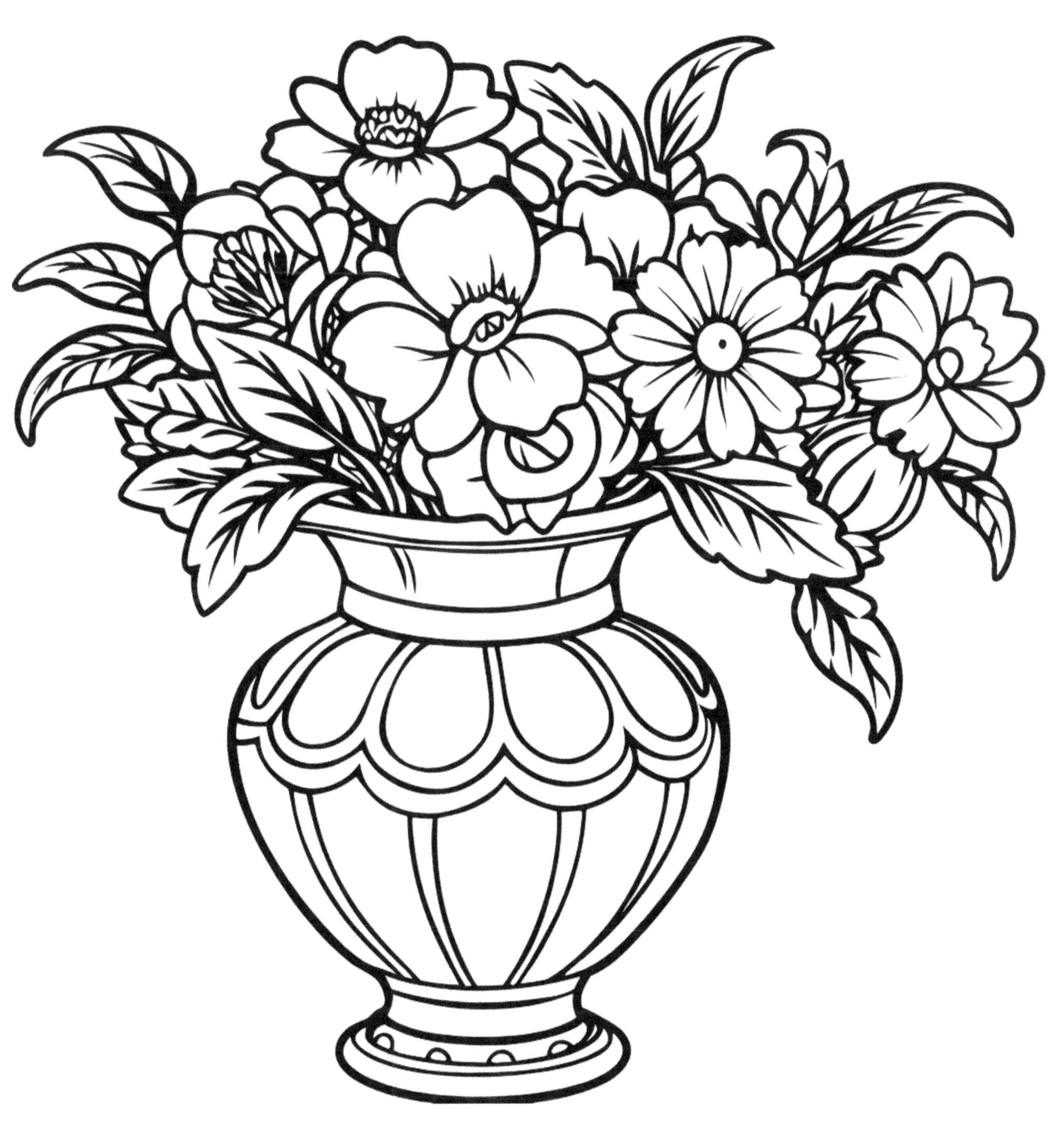

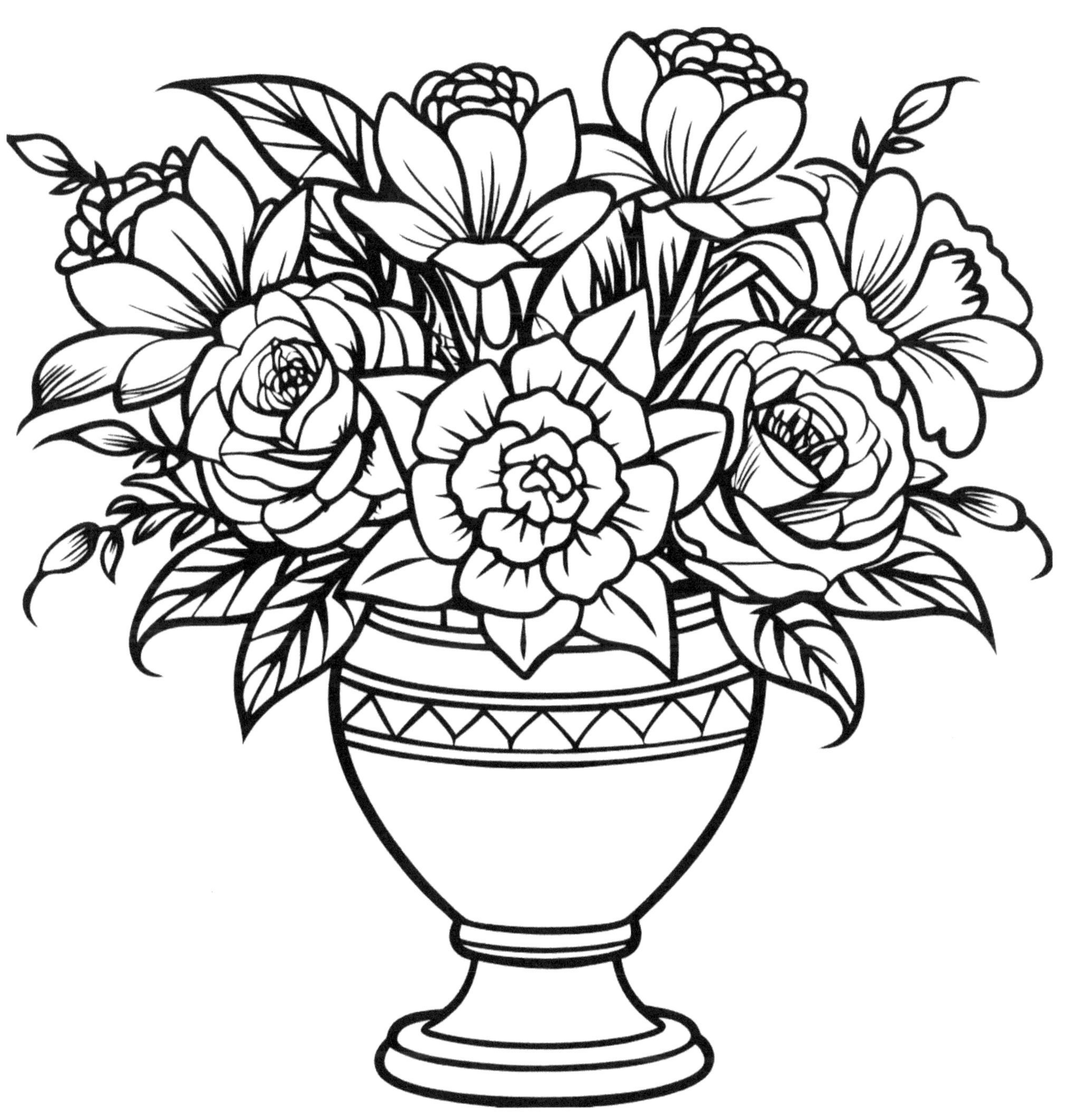

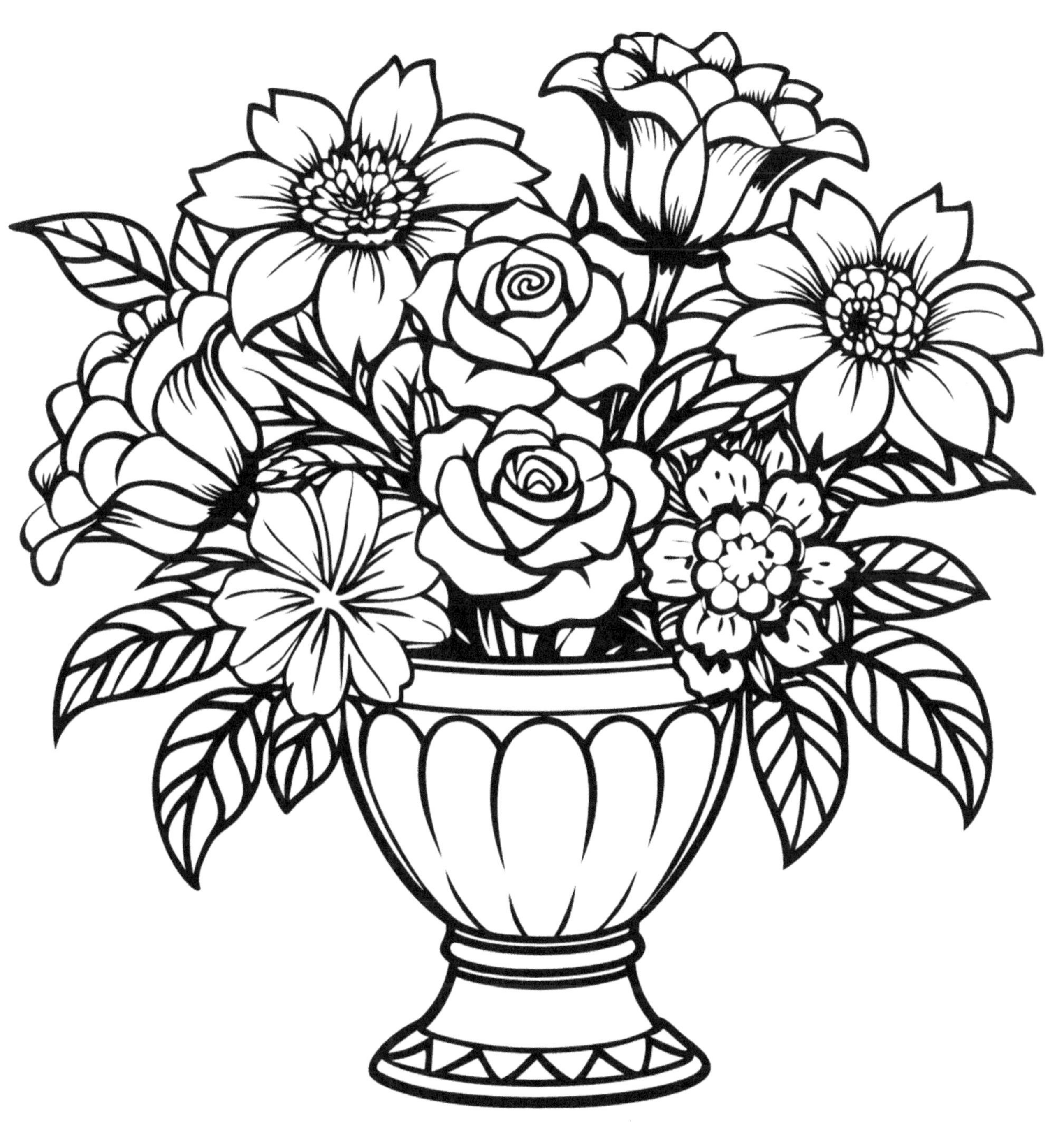

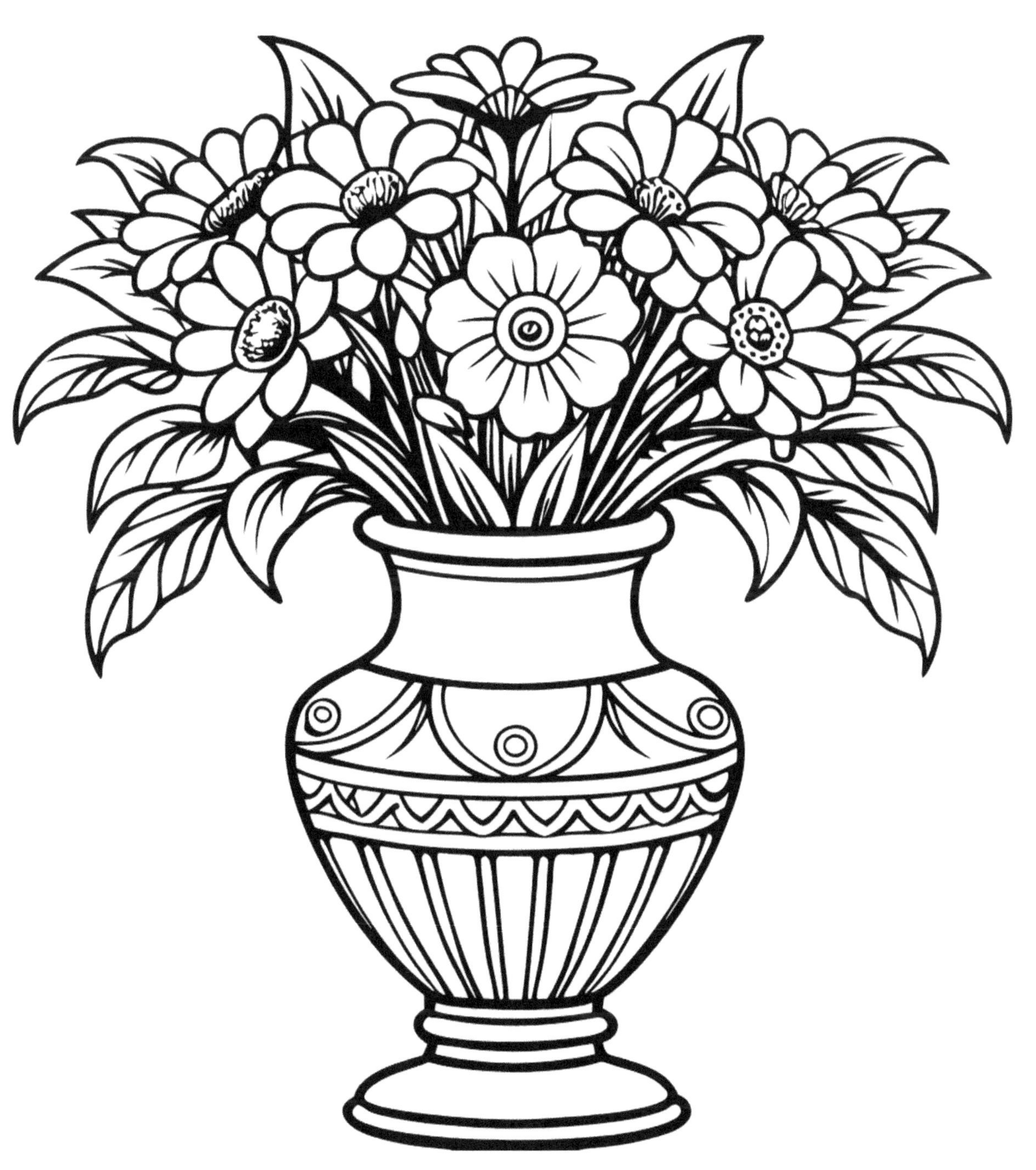

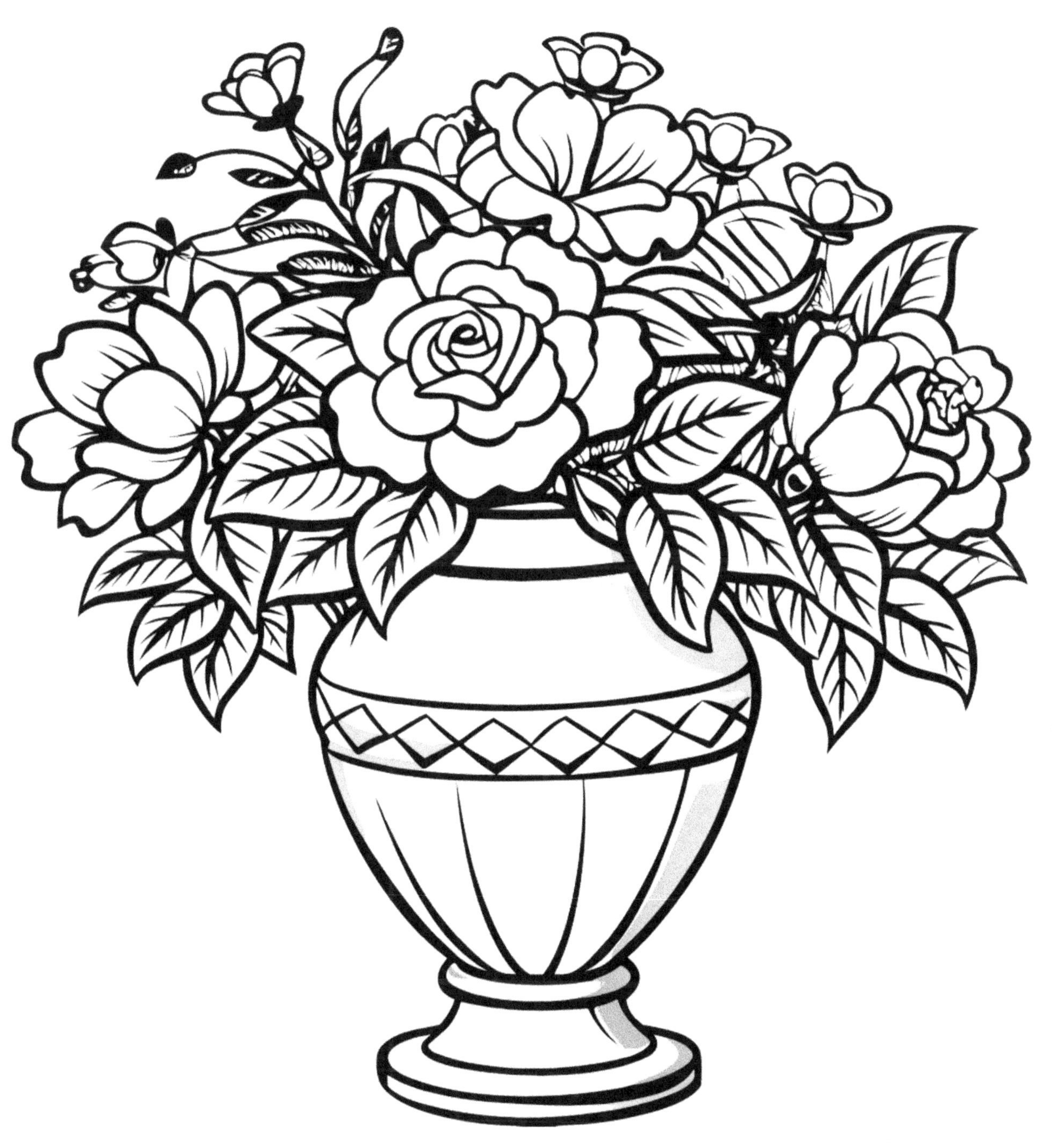

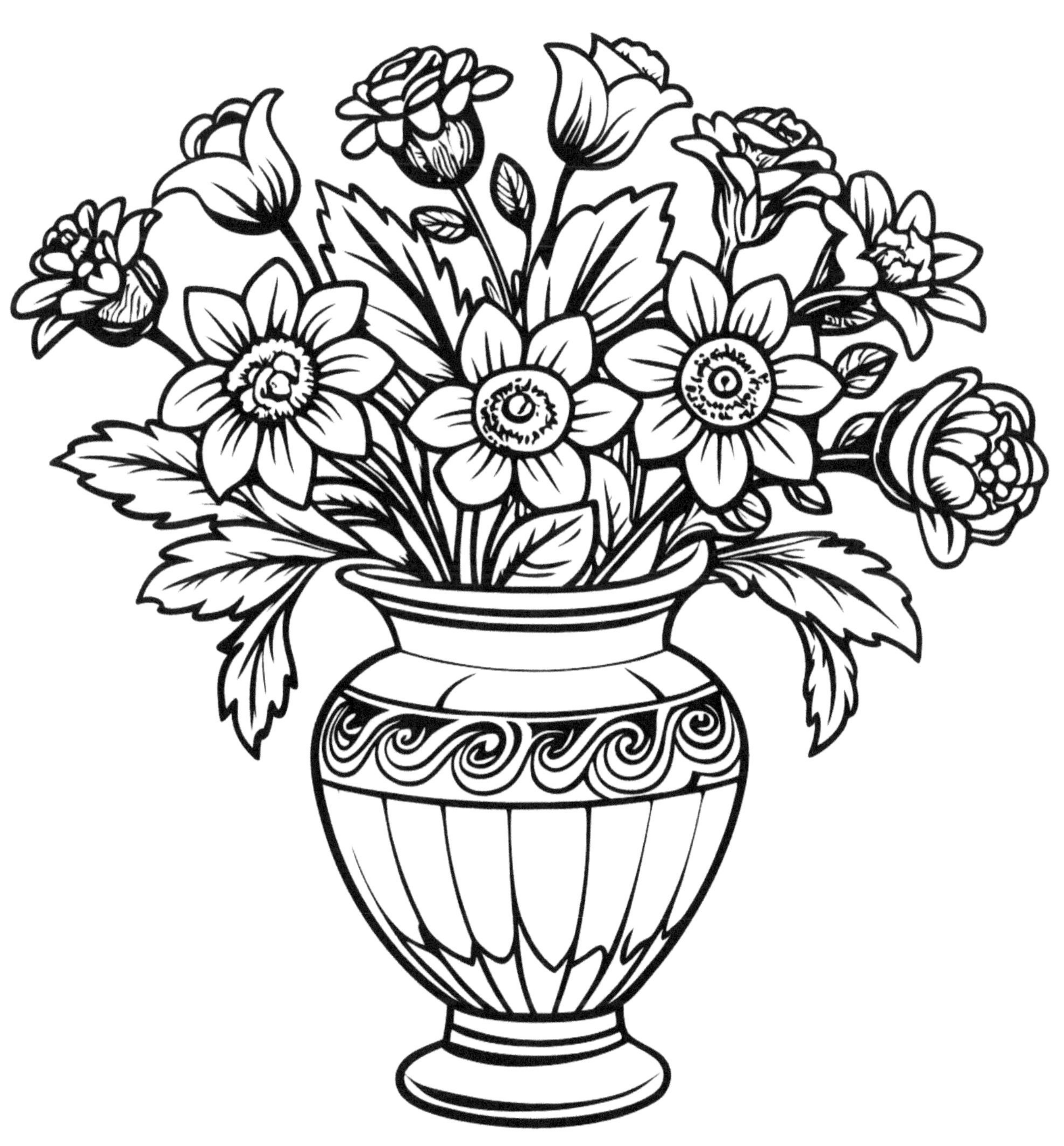

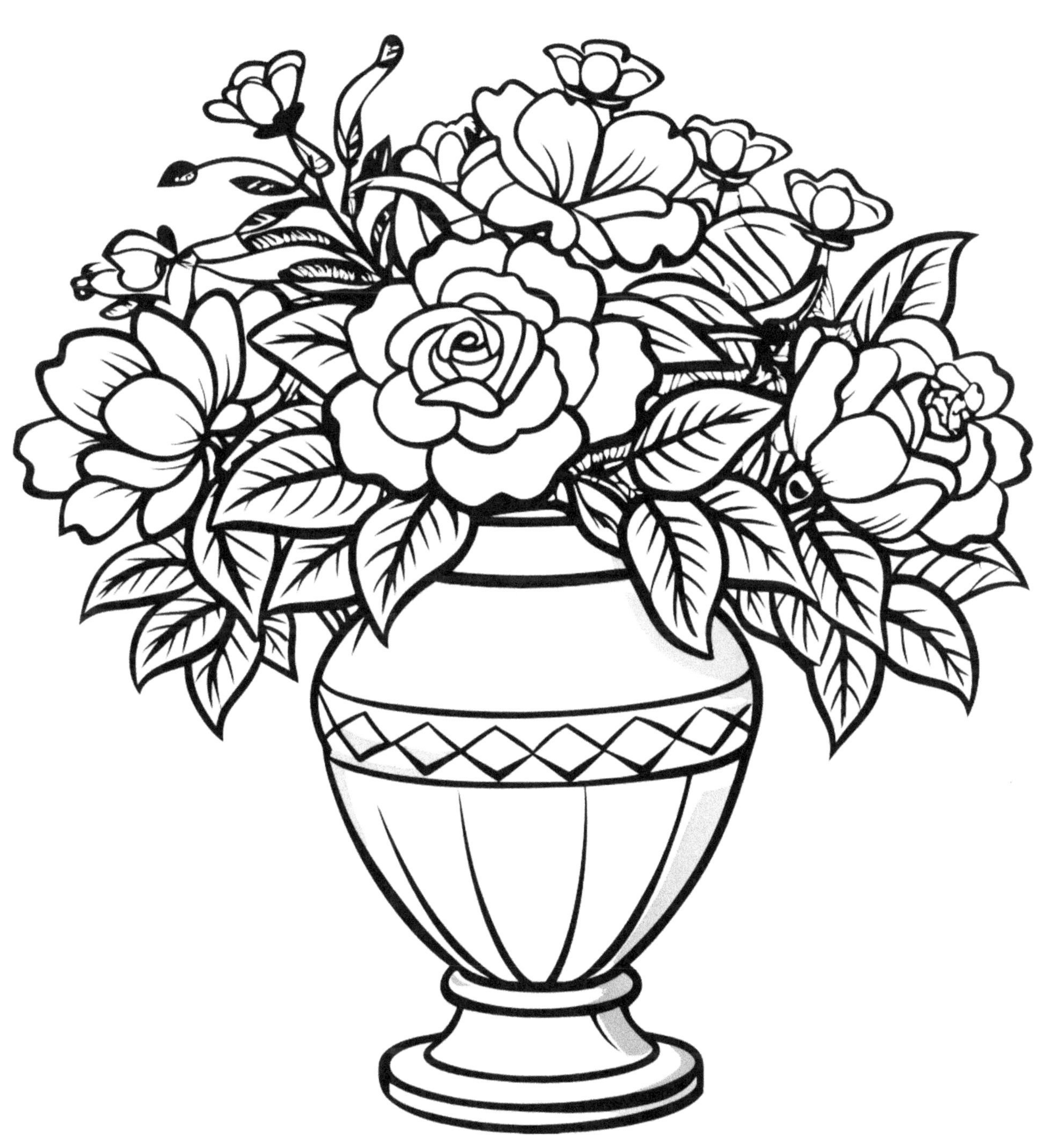

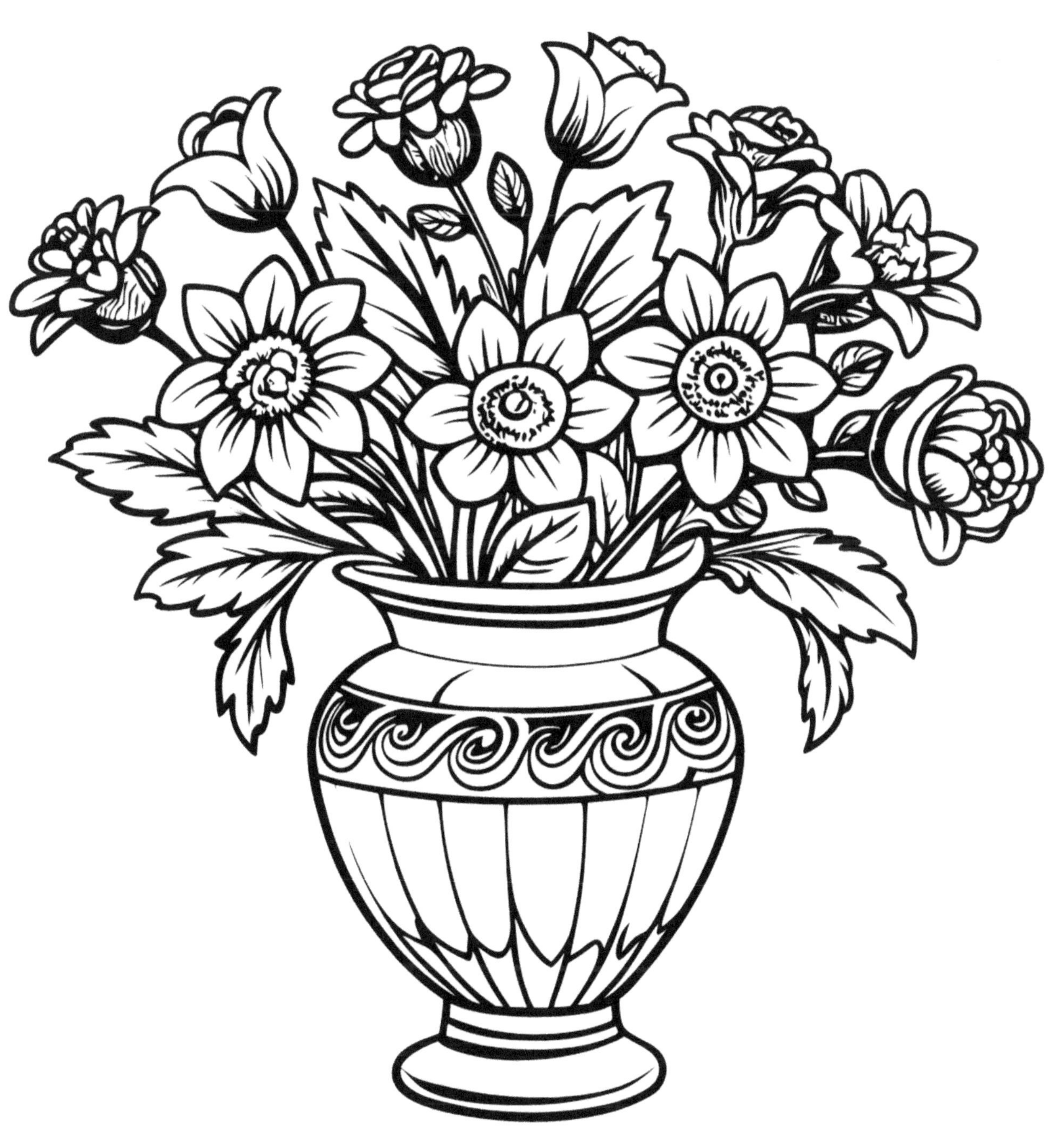

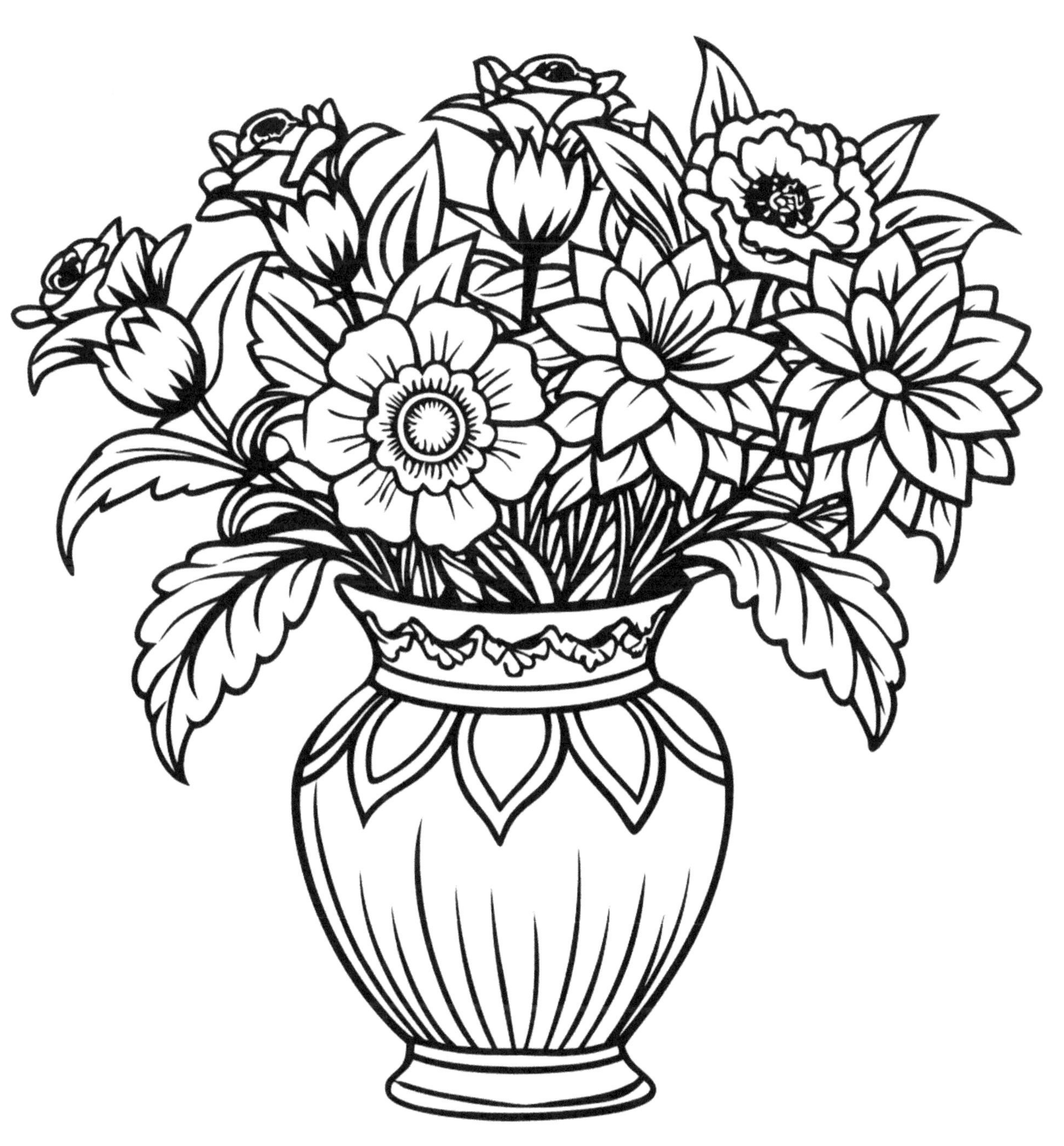

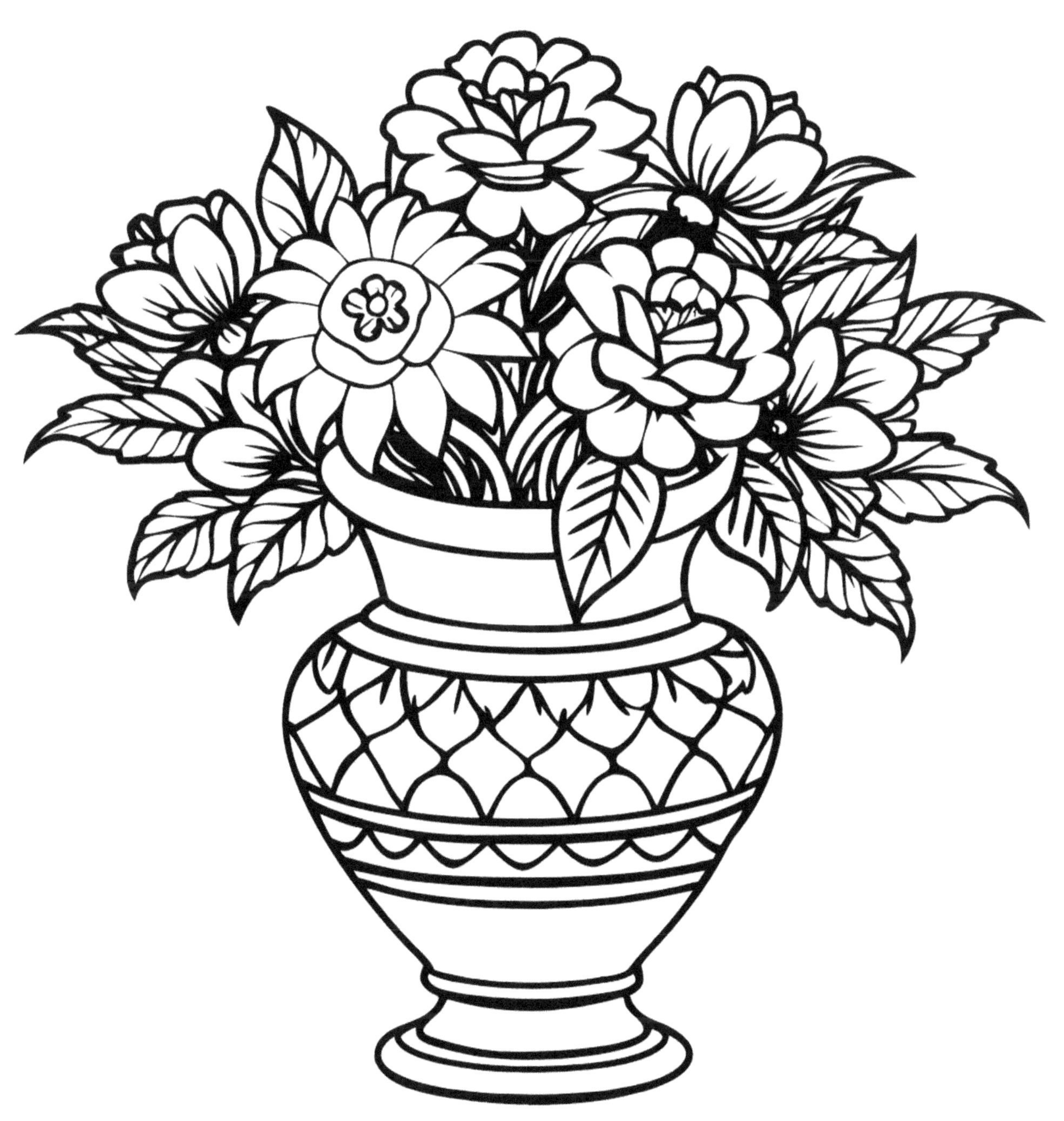

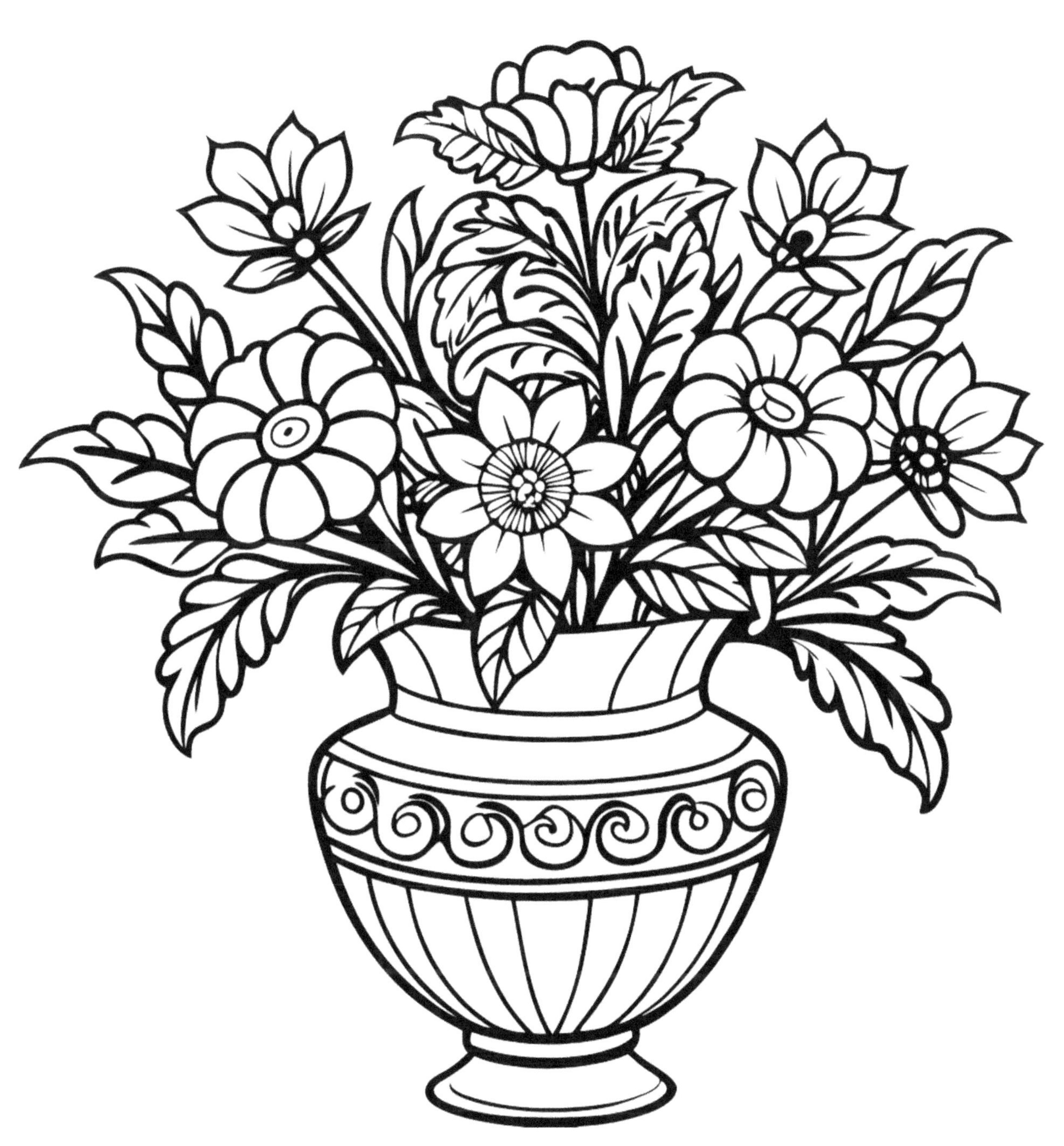

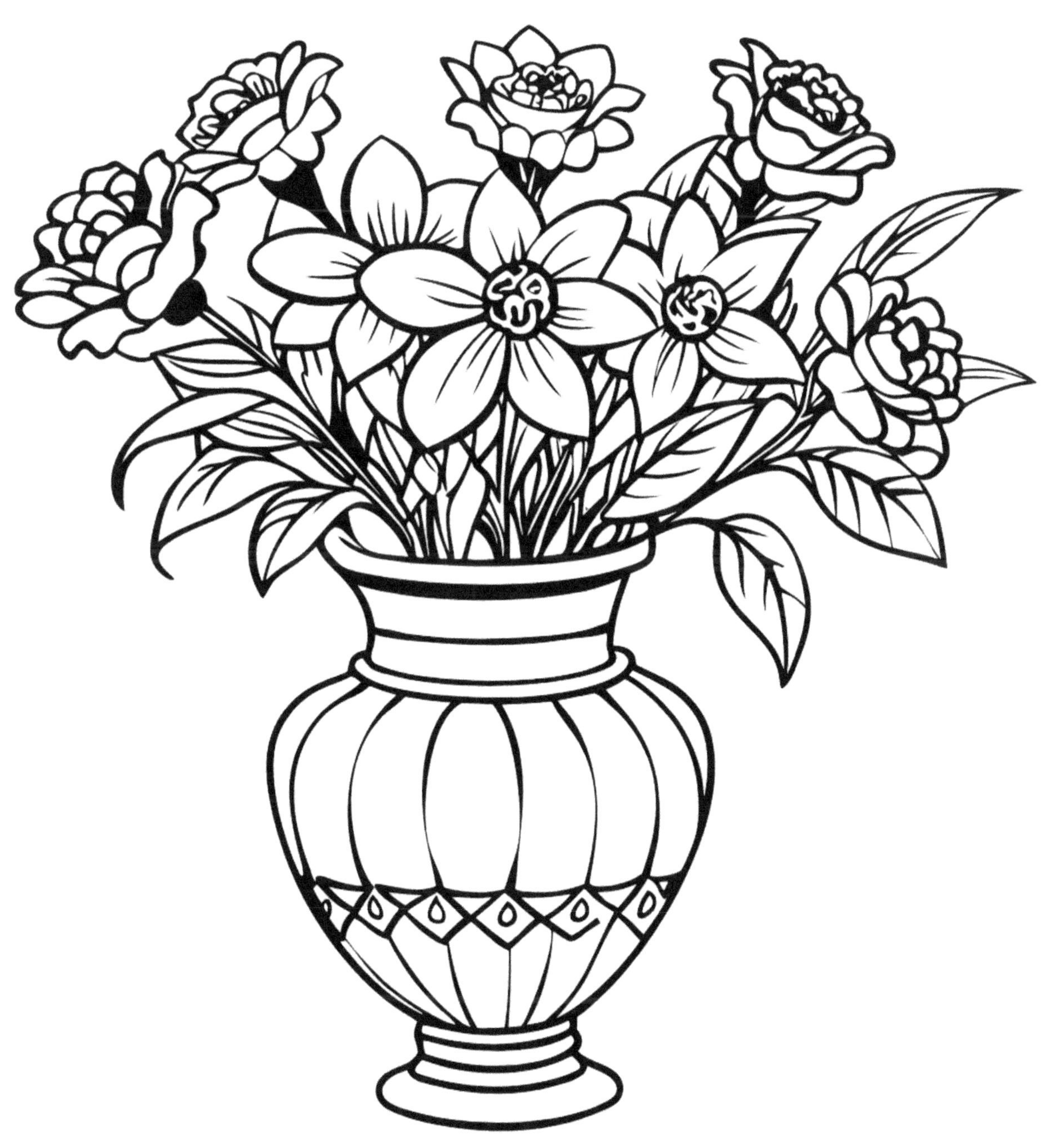

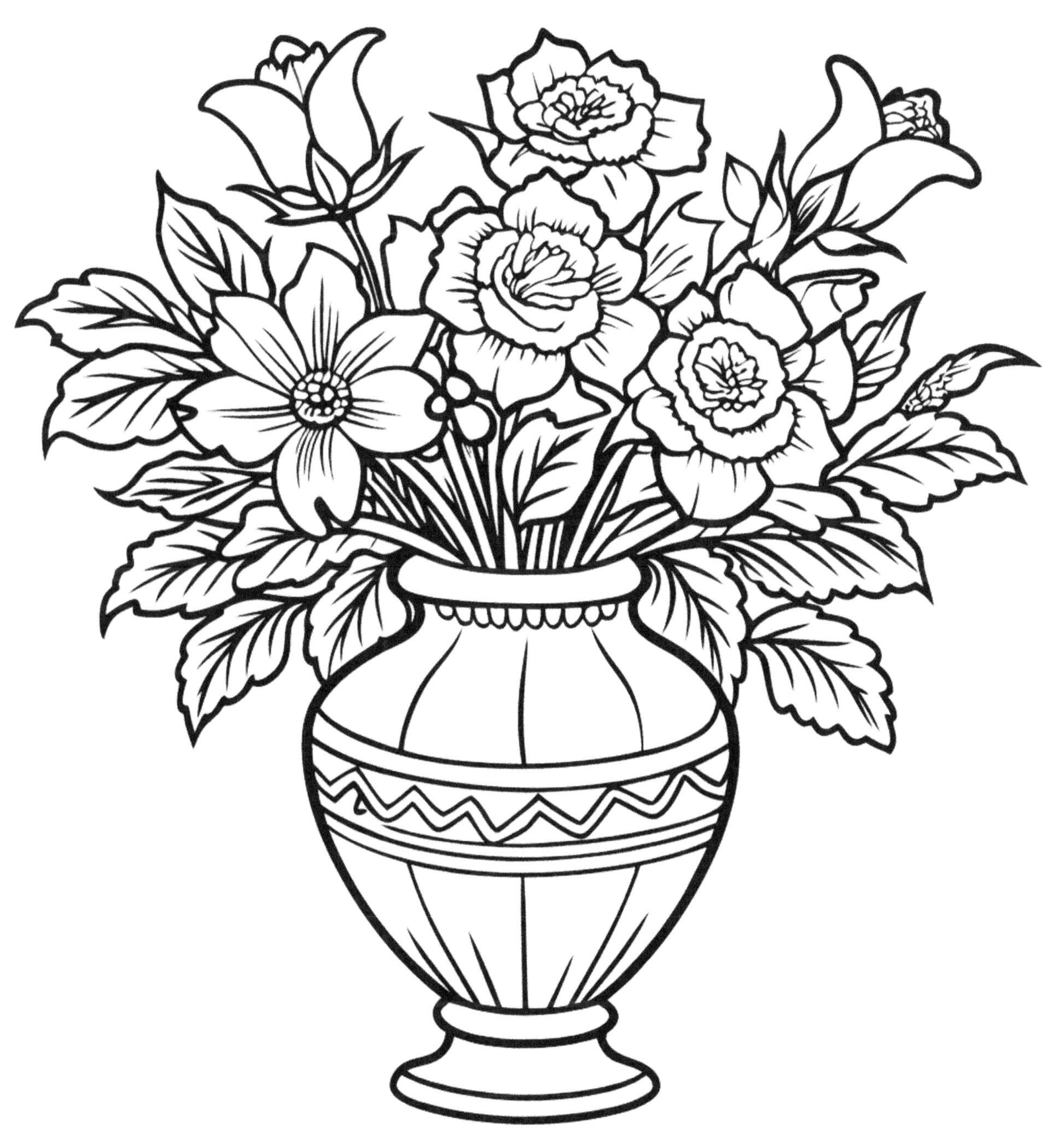

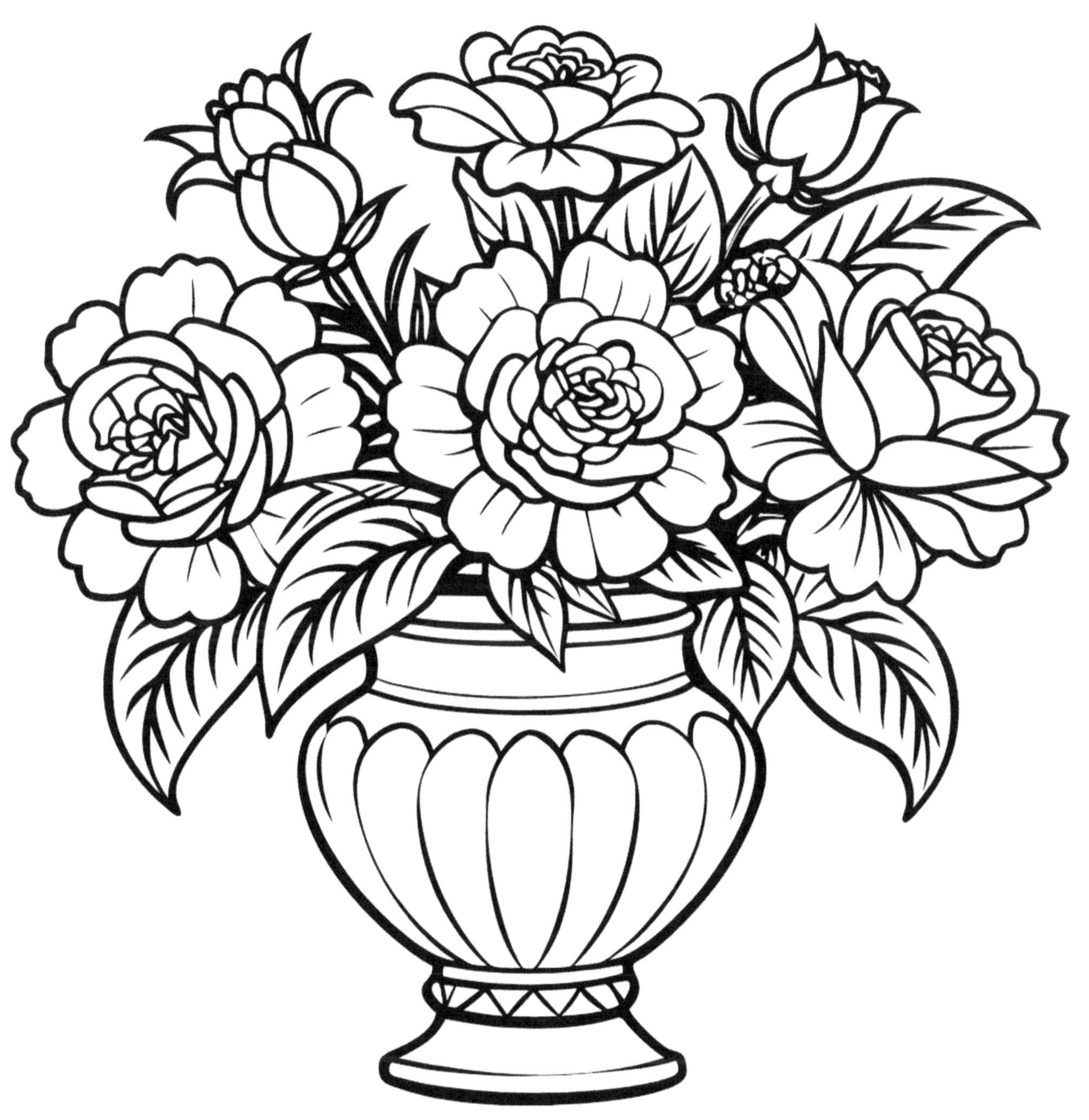

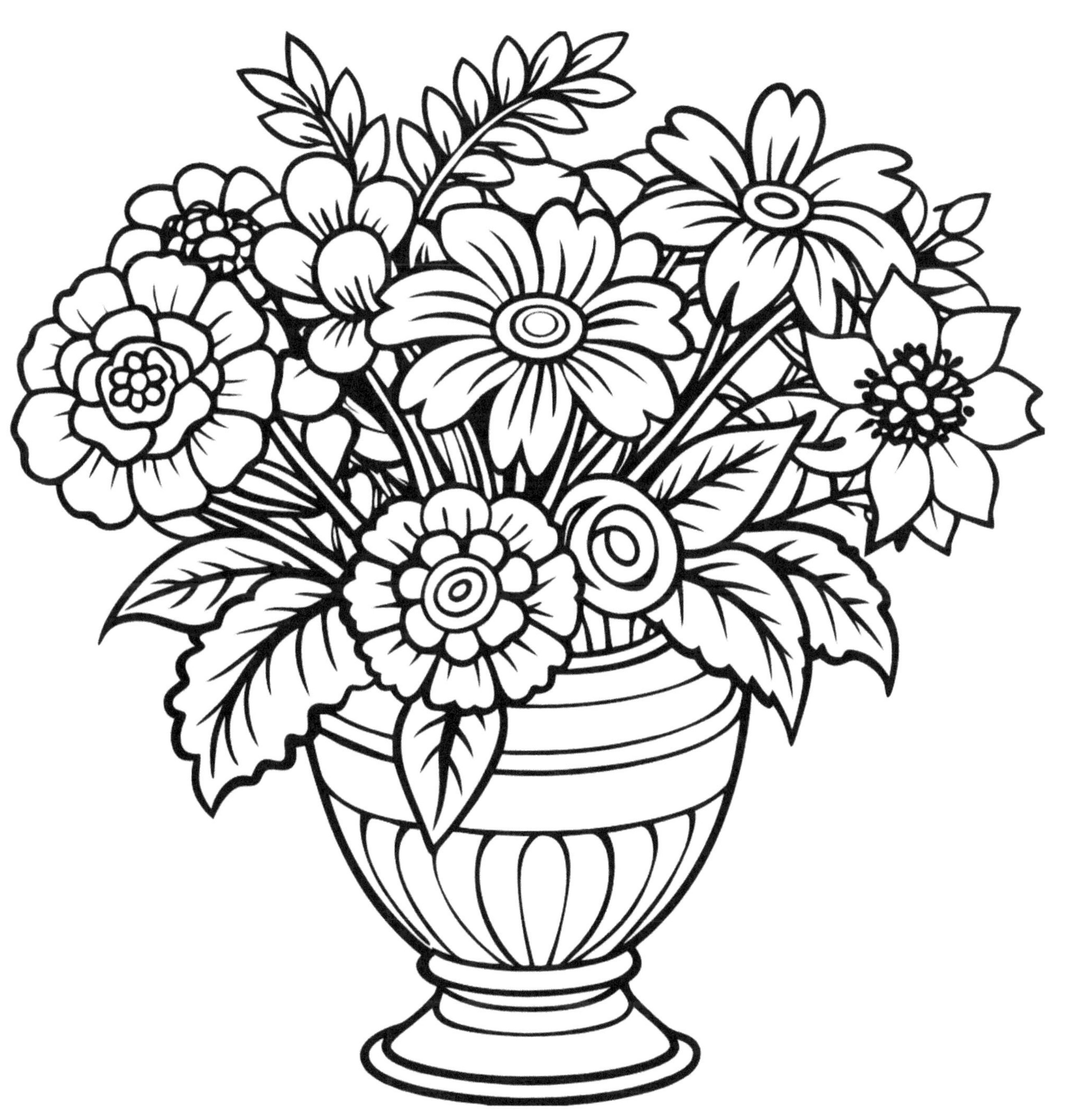

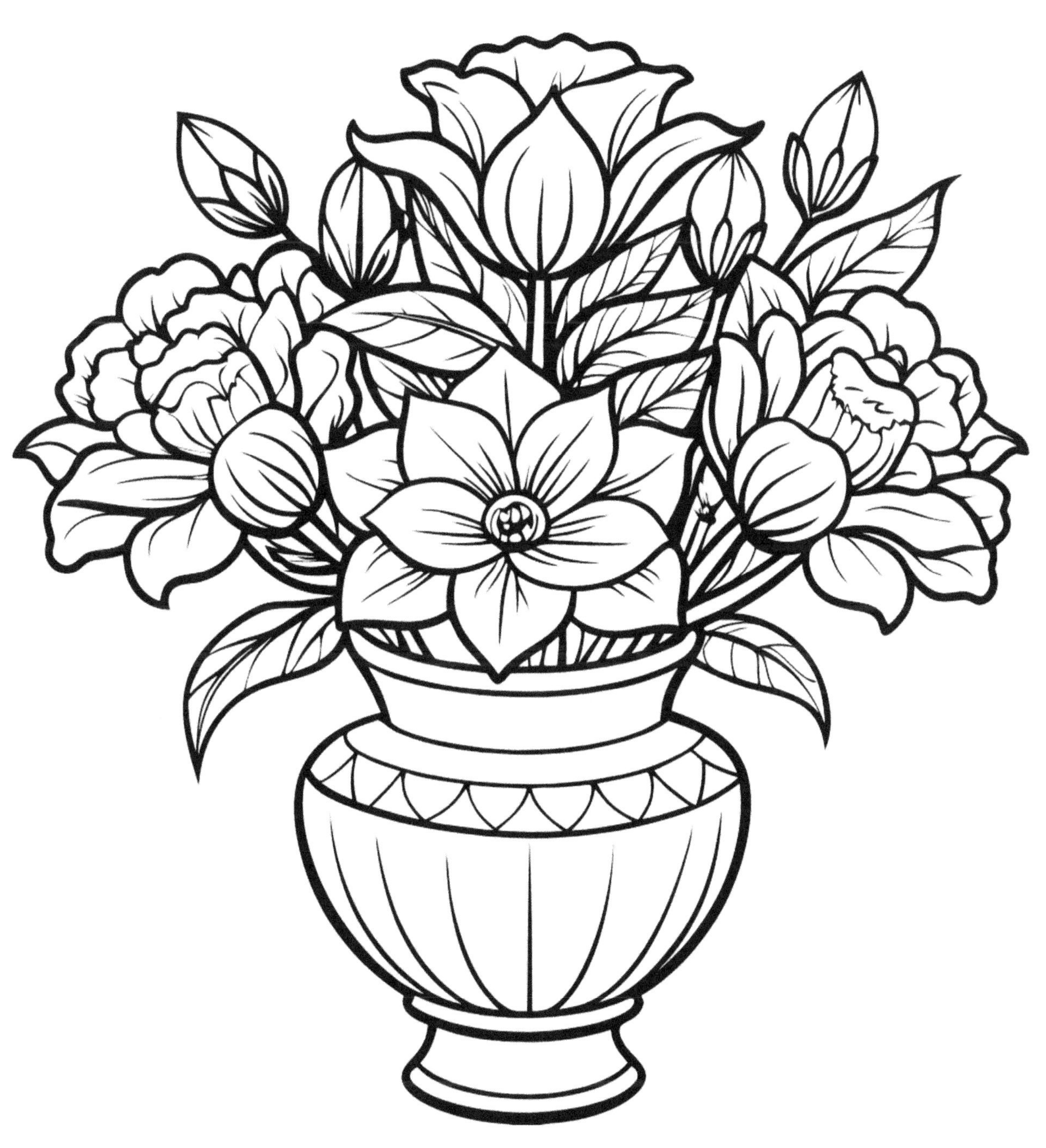

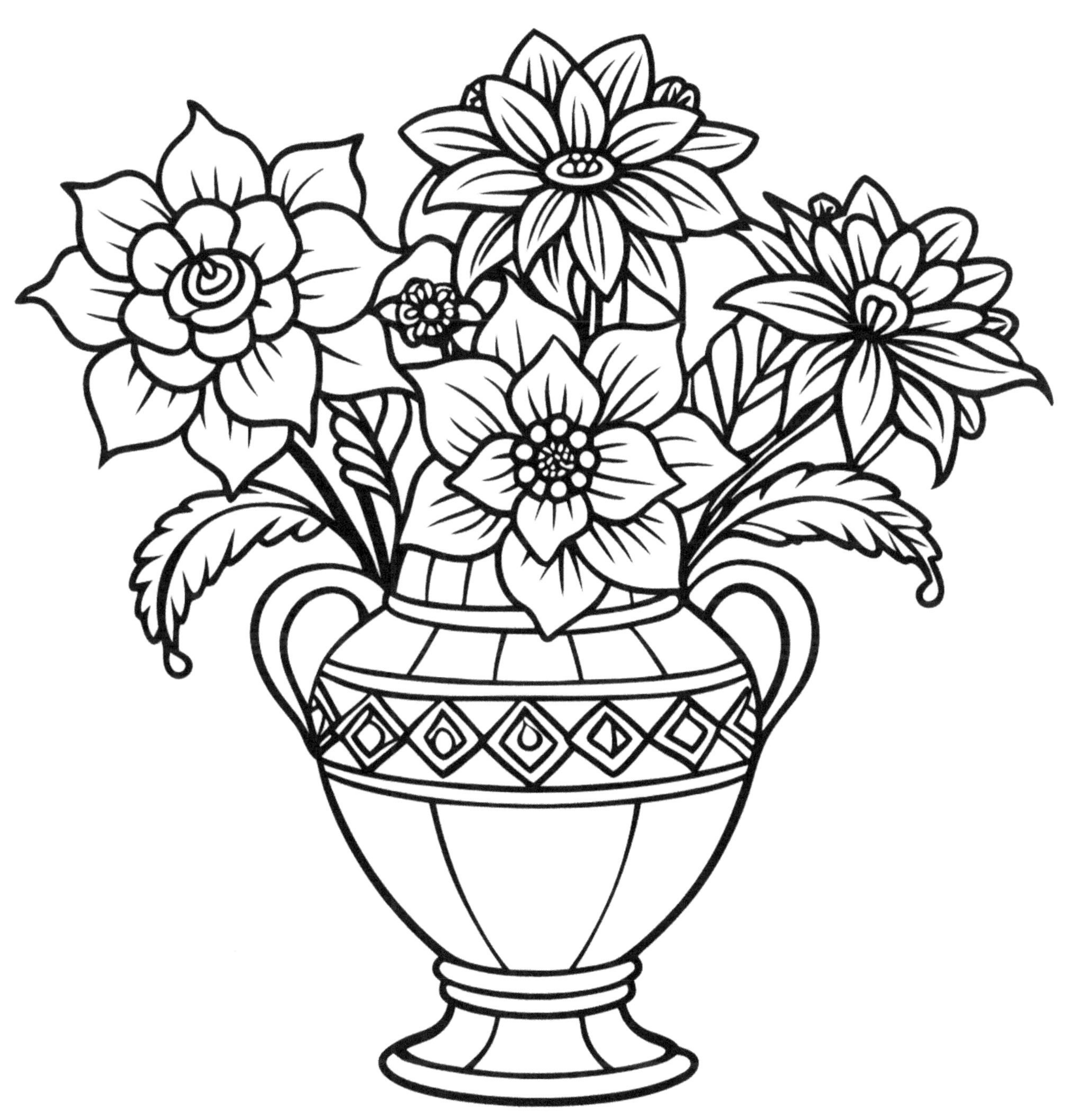

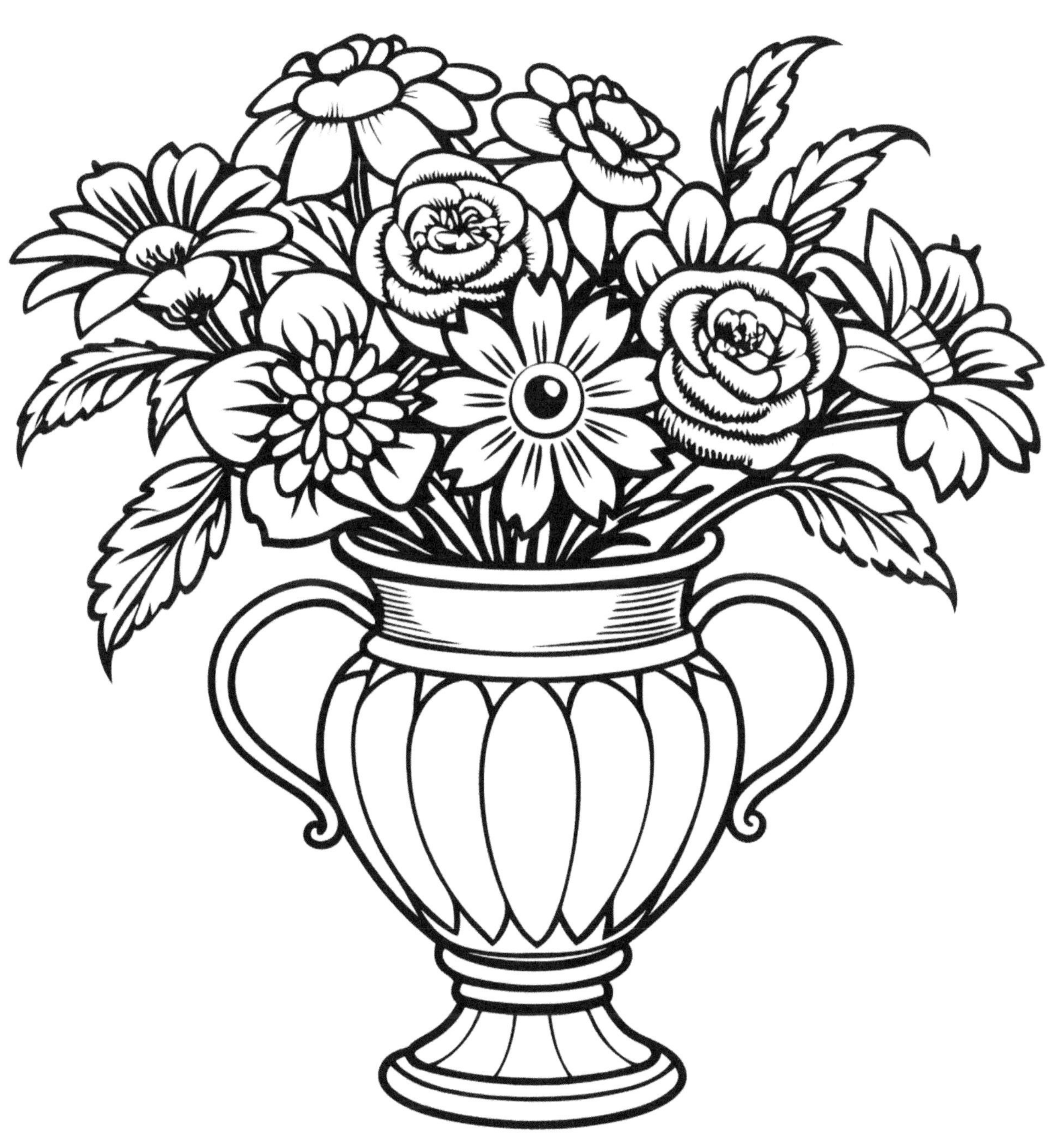

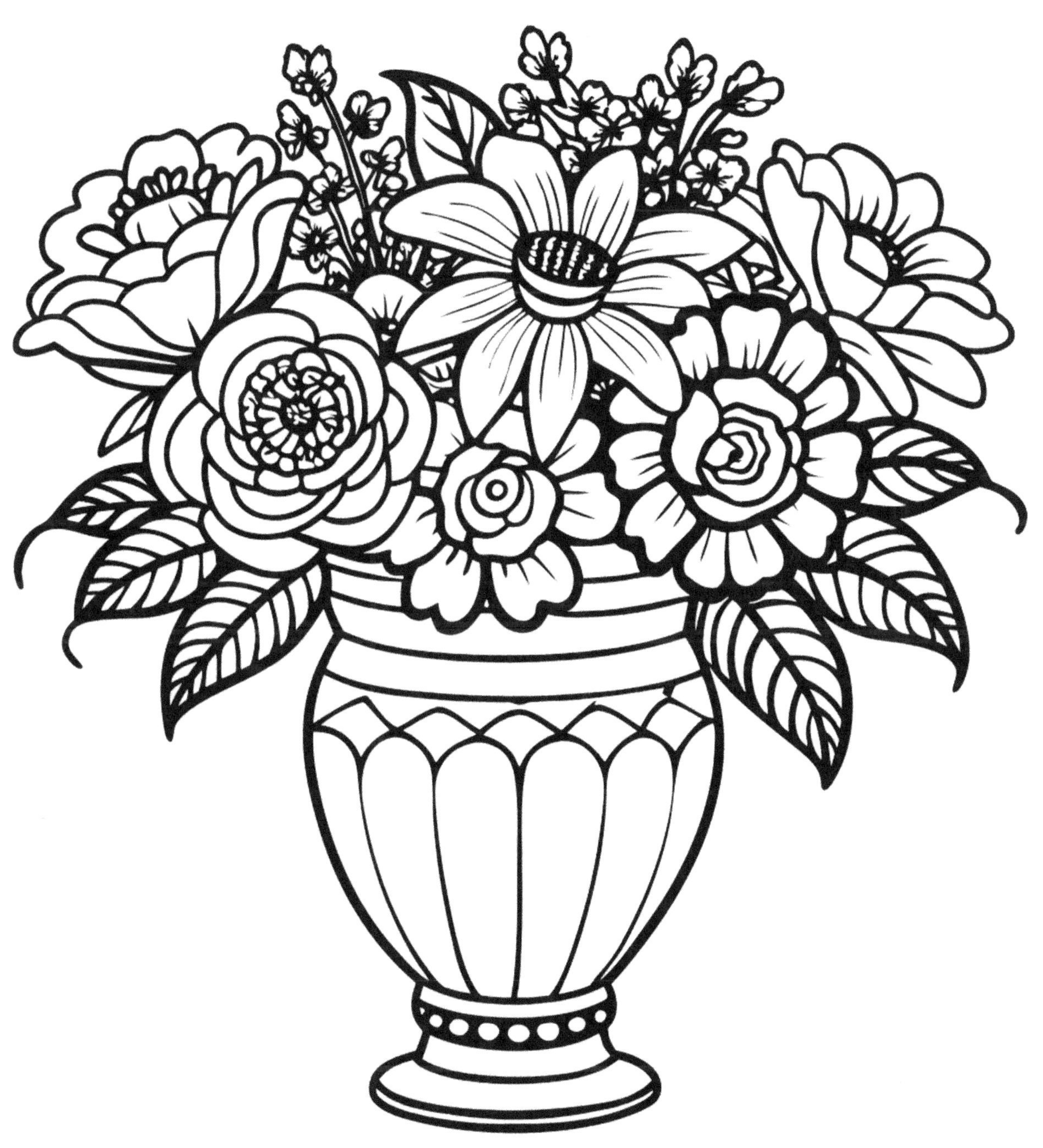

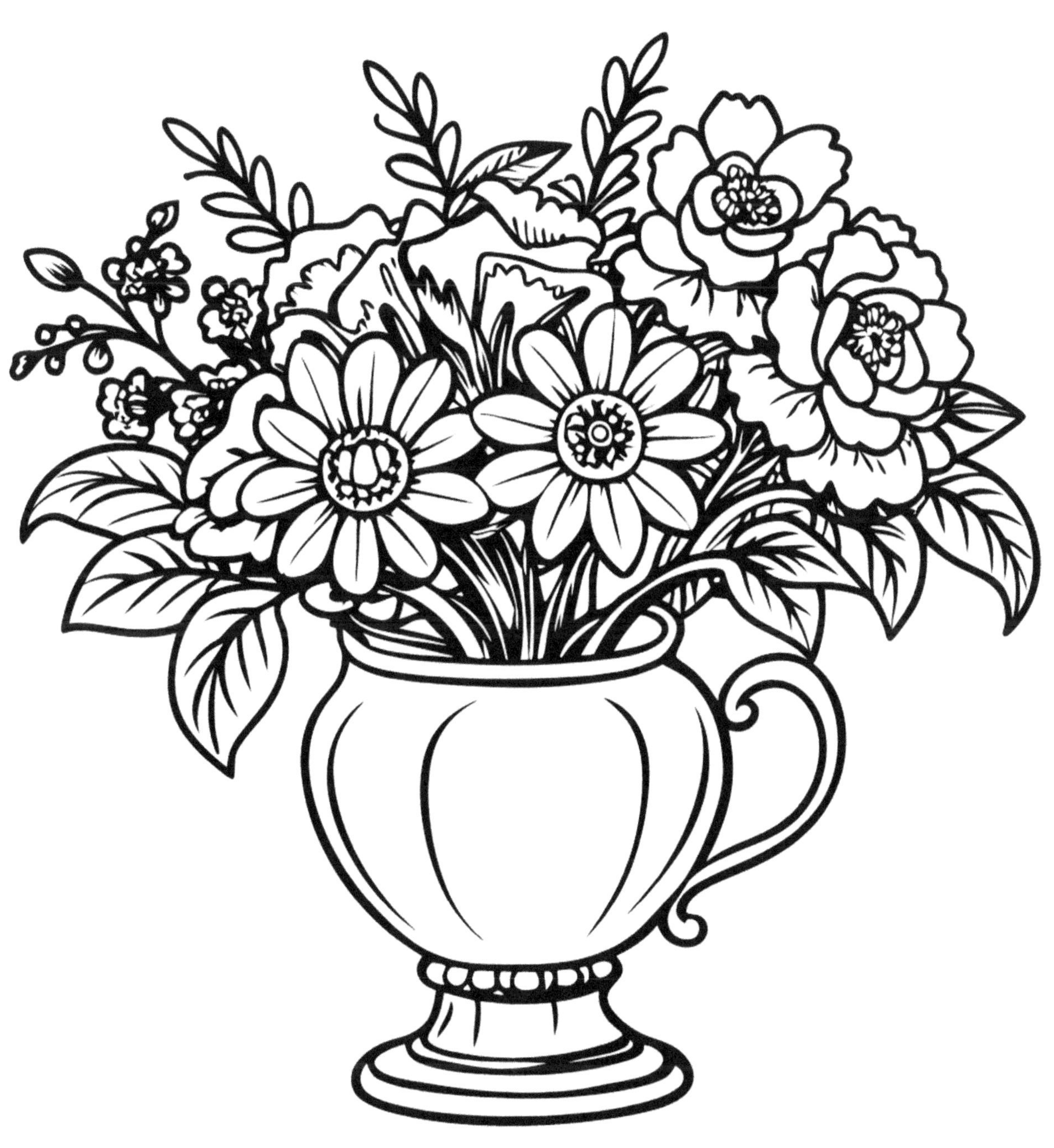

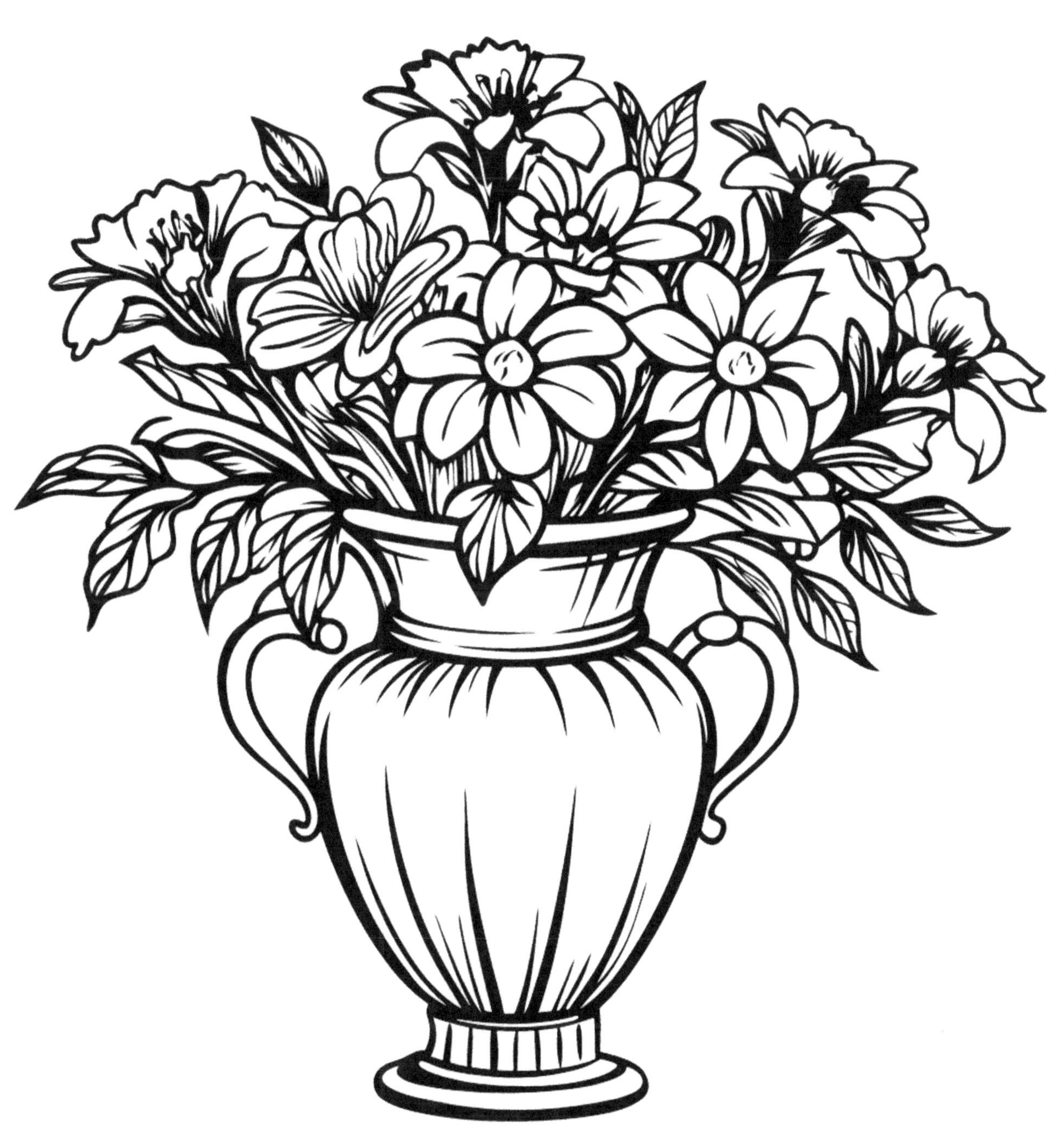

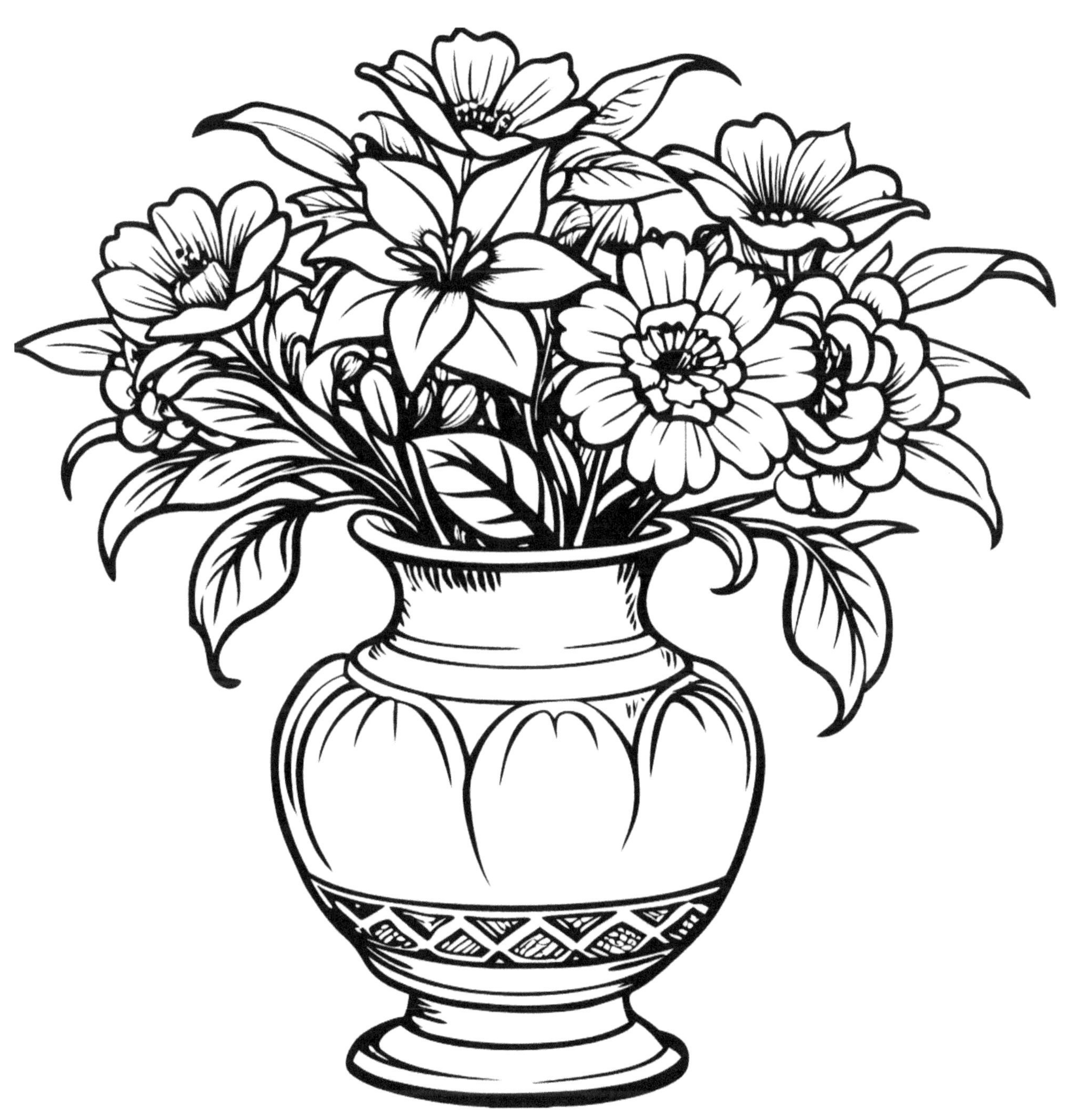

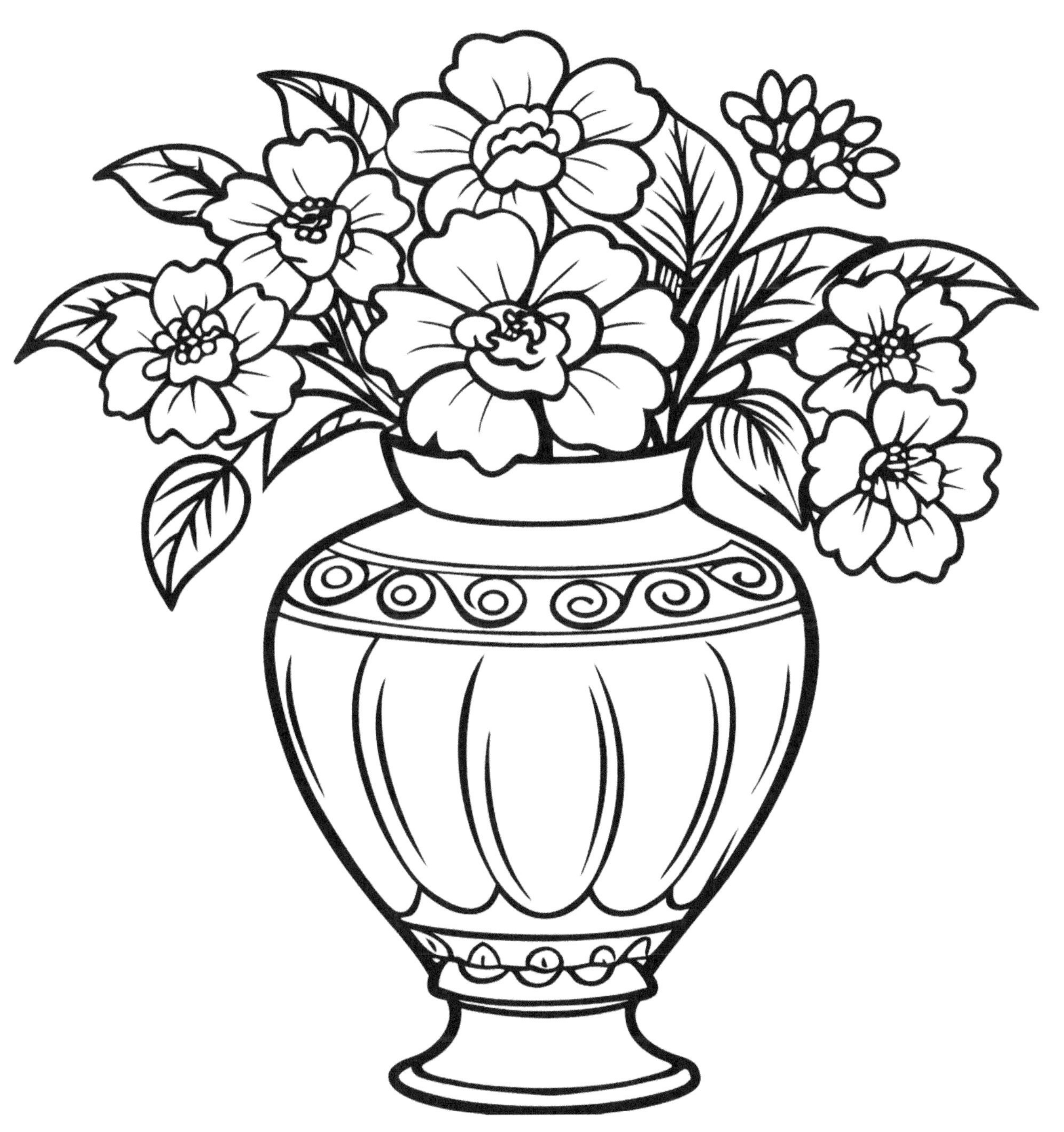

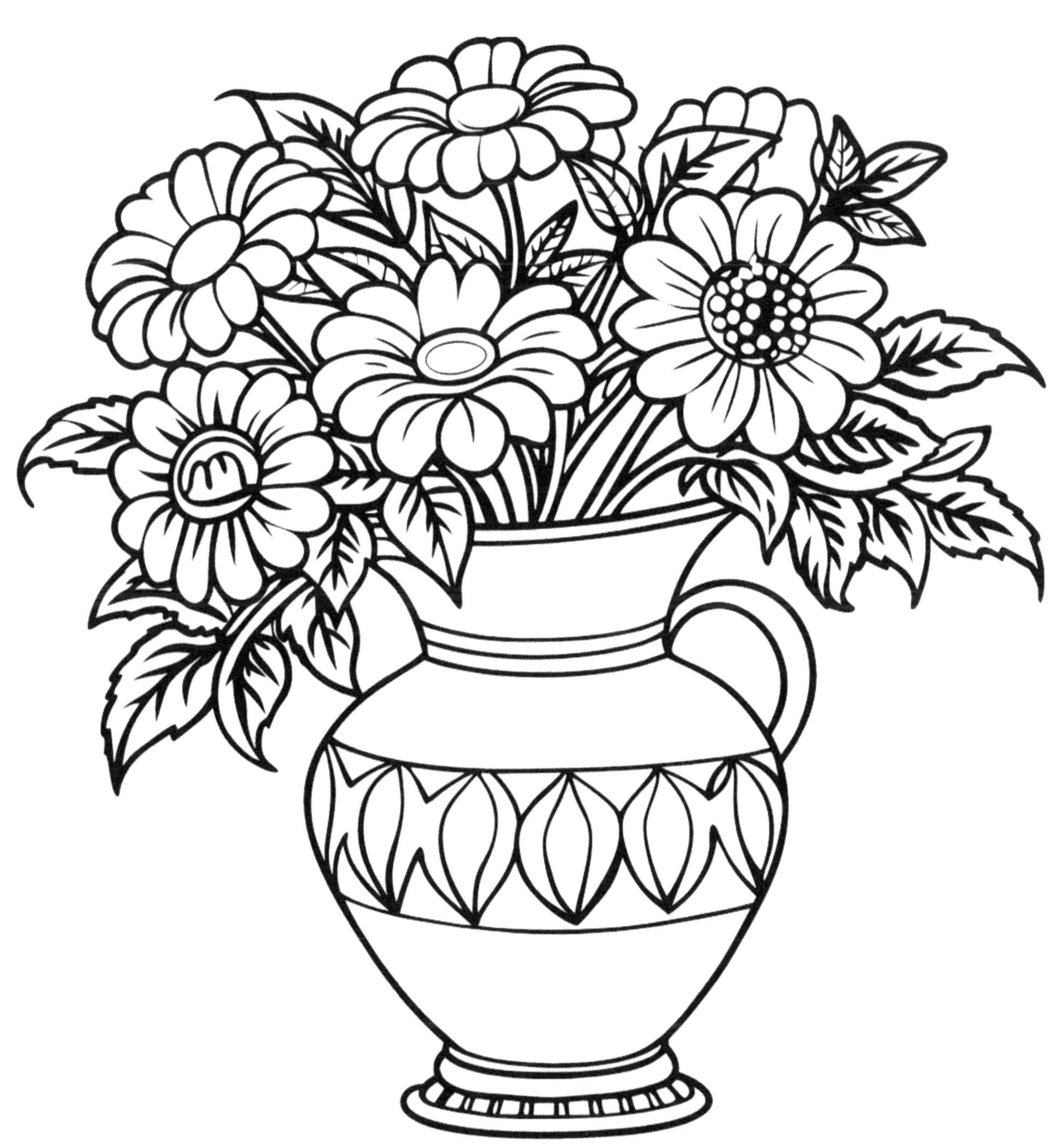

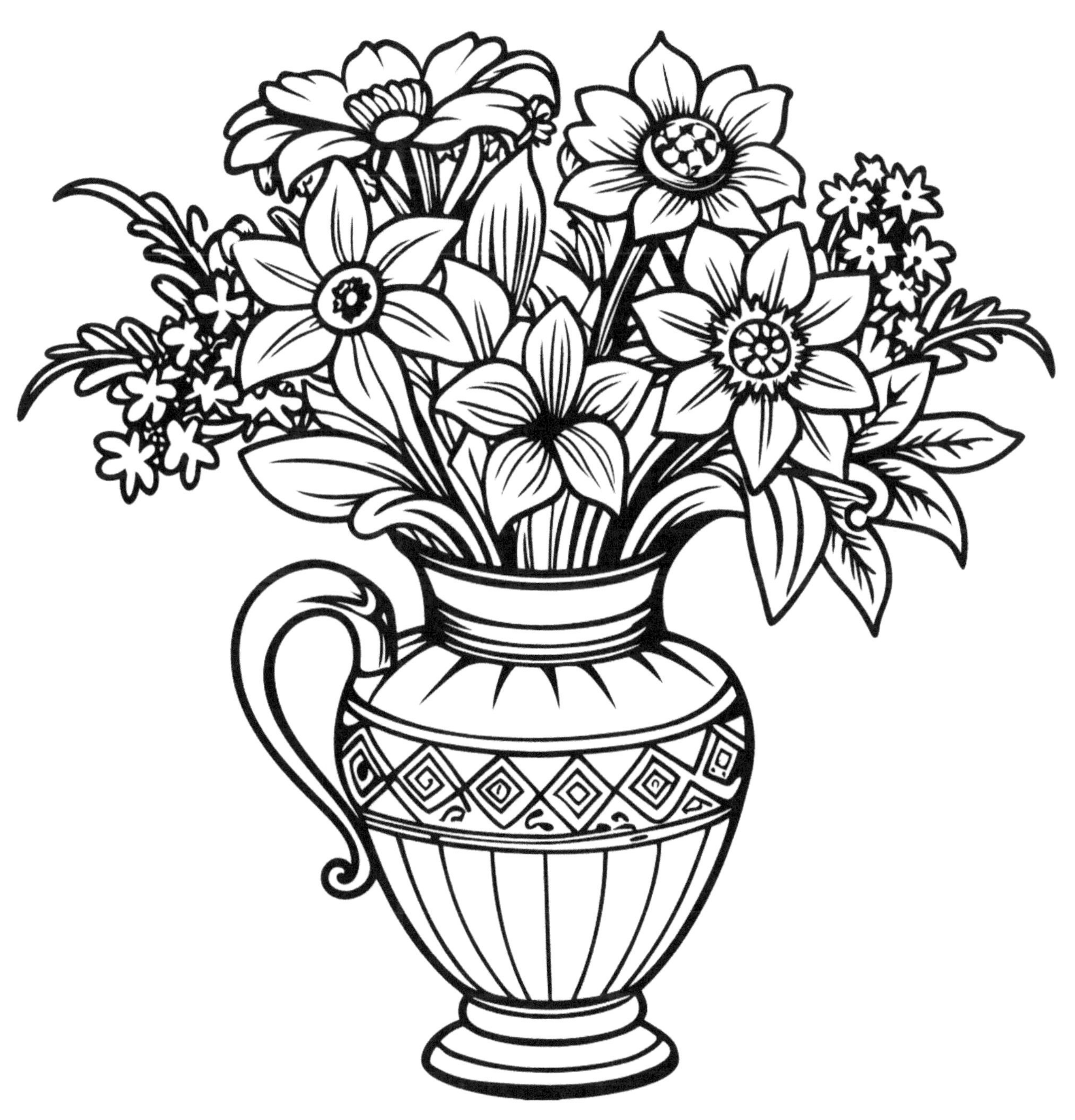

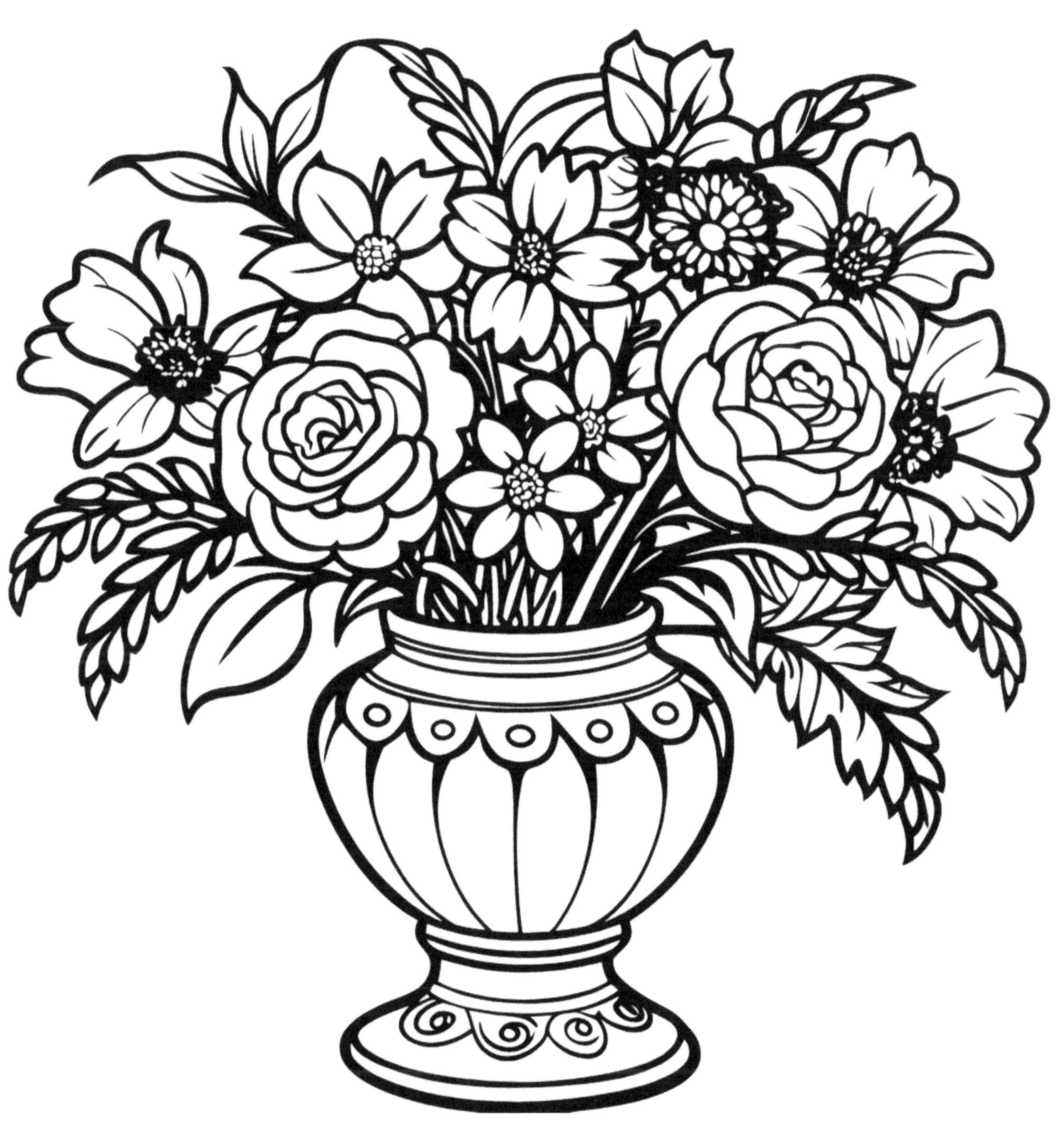

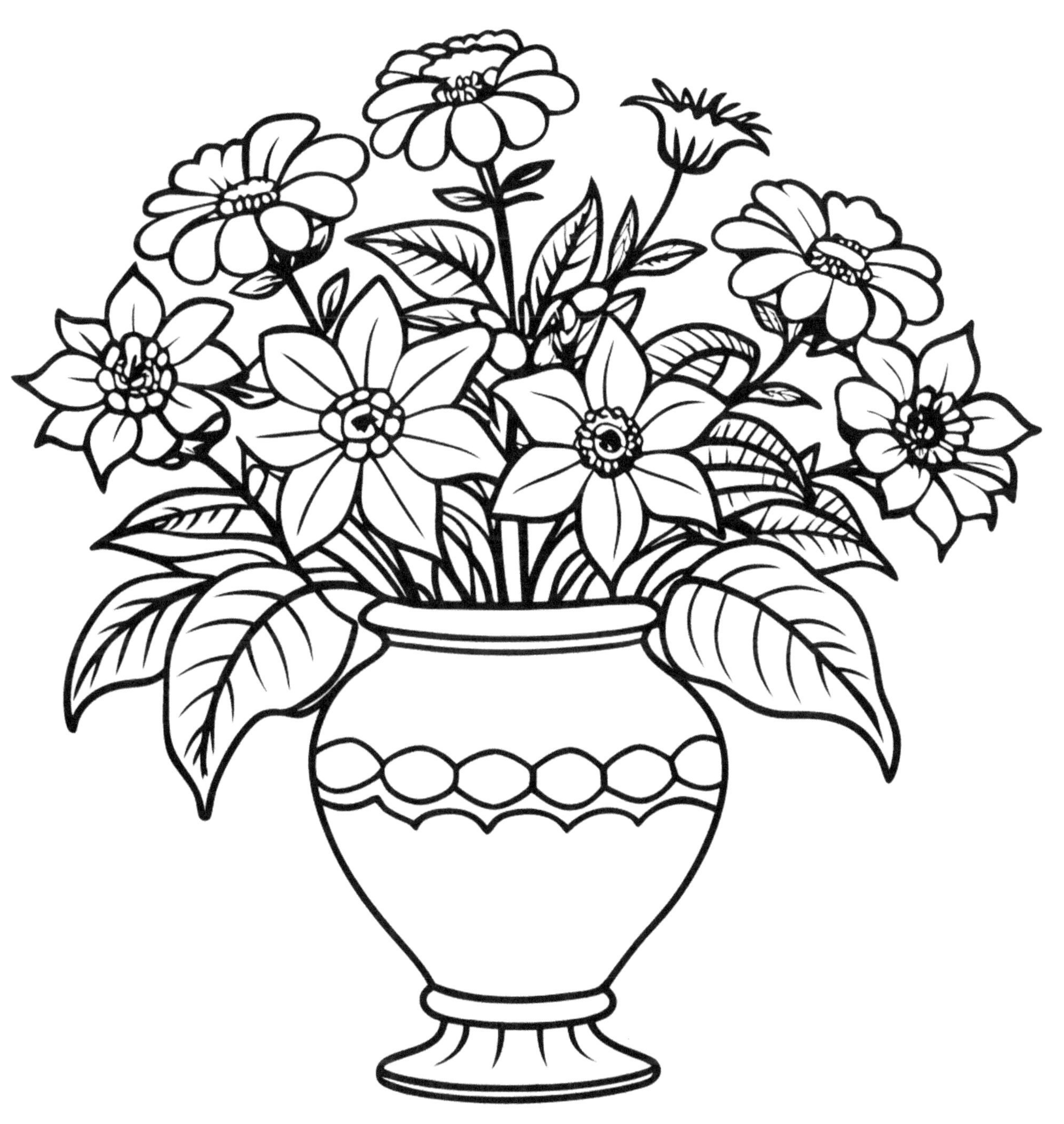

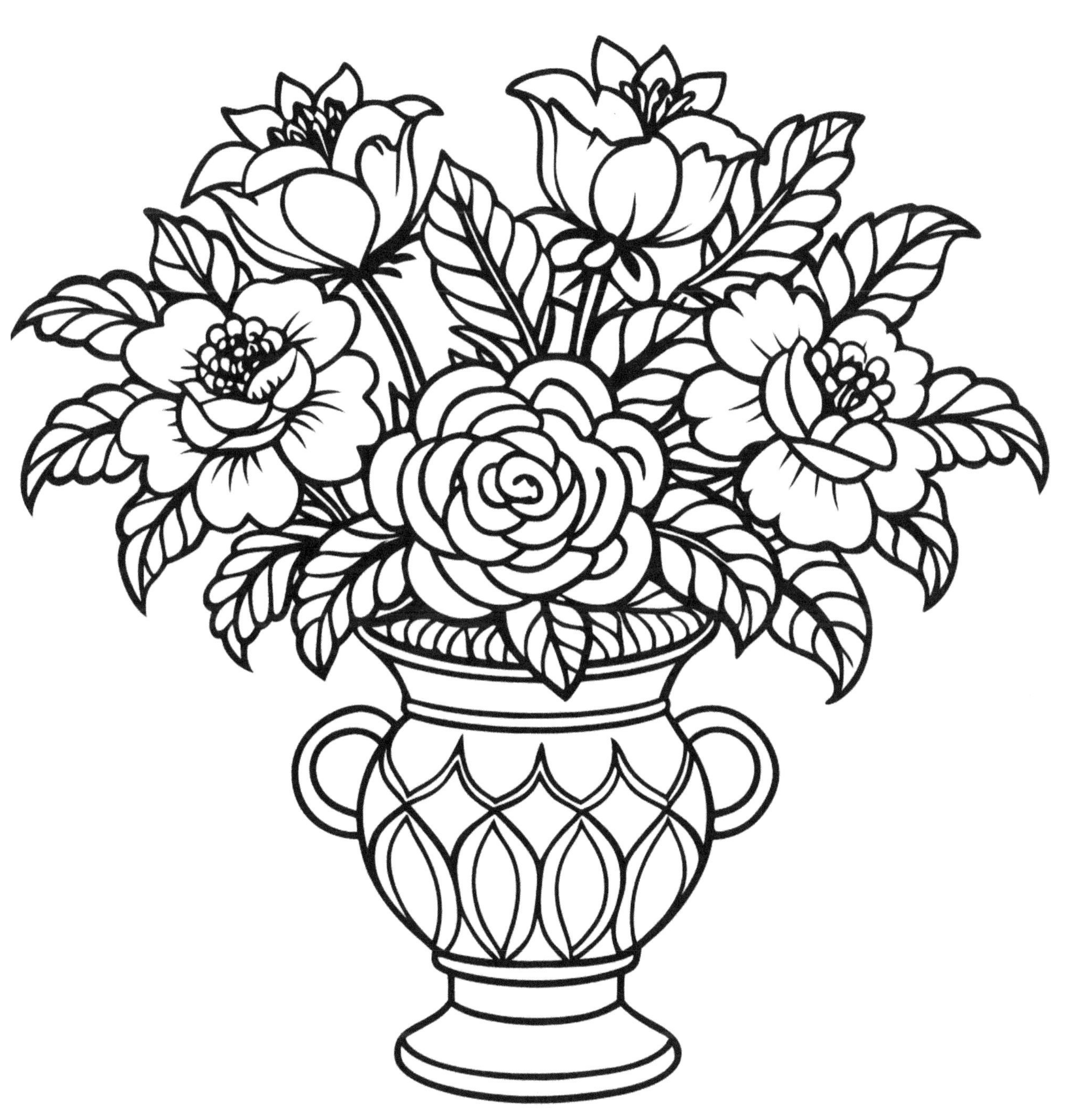

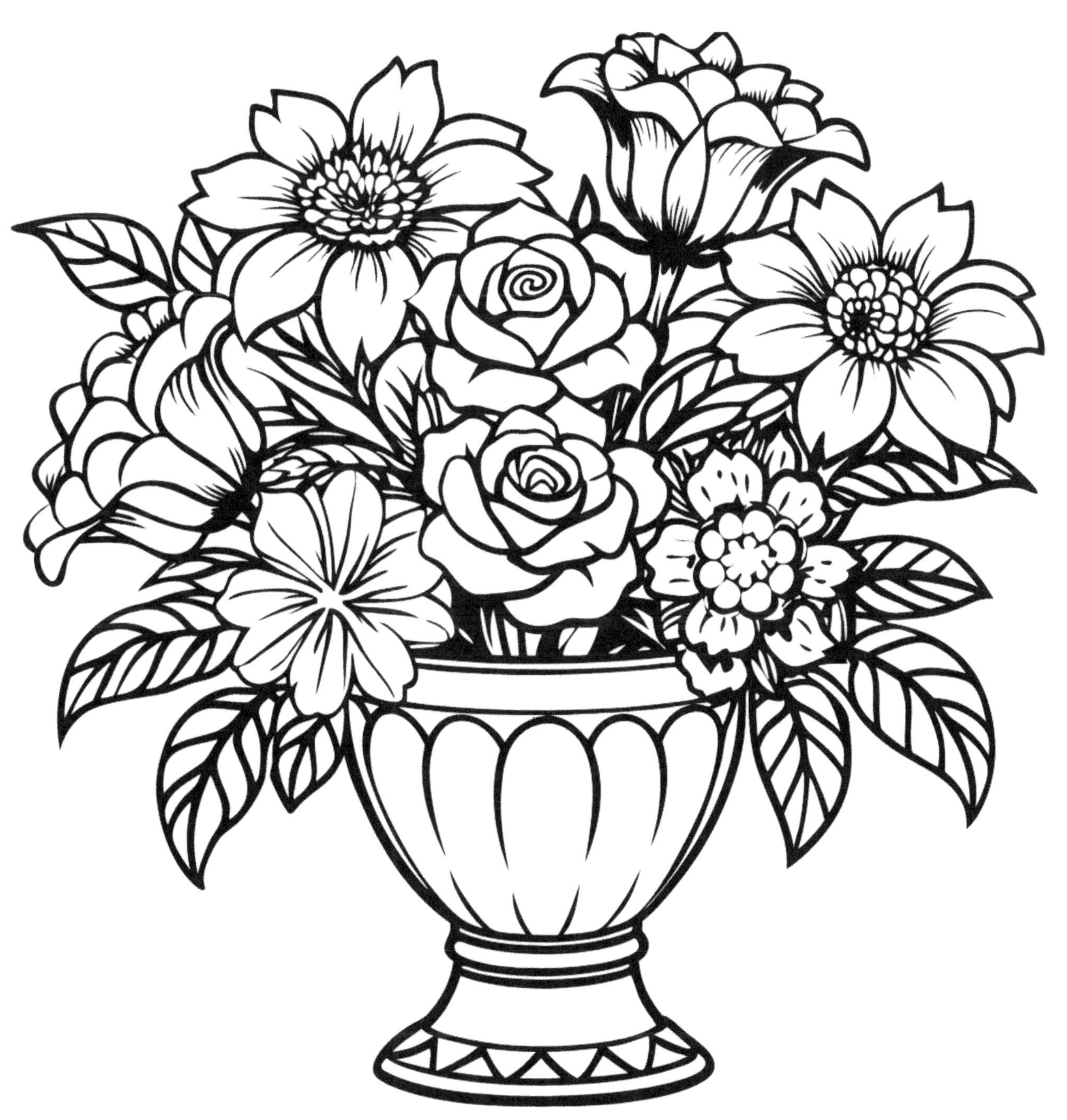